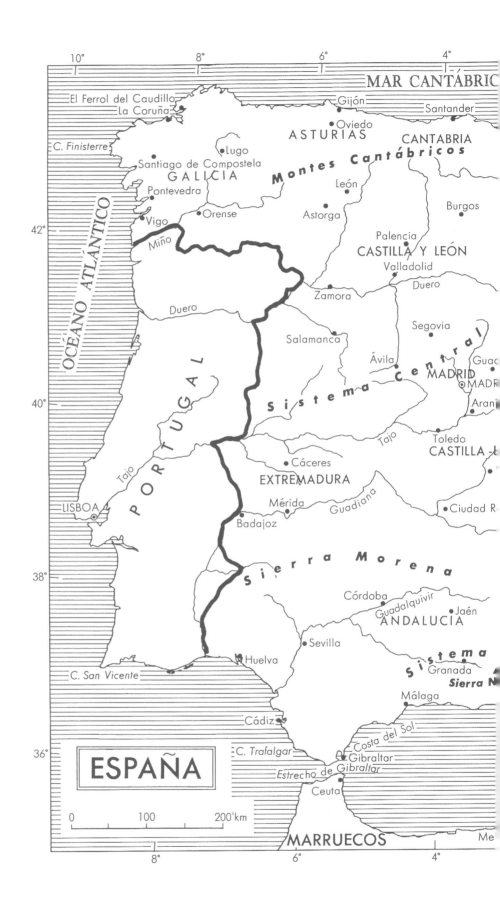

MAR CANTÁBRIC

El Ferrol del Caudillo
La Coruña
•Gijón
Santander

C. Finisterre
•Oviedo
ASTURIAS
CANTABRIA

•Lugo
Montes Cantábricos

Santiago de Compostela
GALICIA
•León
Burgos

Pontevedra
Astorga
Palencia
CASTILLA Y LEÓN

•Vigo
•Orense
Valladolid

42°
Miño
Duero

Duero
Zamora

OCÉANO ATLÁNTICO
Segovia
Sistema Central

Salamanca
MADRID

Ávila
Guac

PORTUGAL
MADR

40°
Sistema Central
Arani

Tajo
Toledo
CASTILLA-L

Tajo
•Cáceres

EXTREMADURA

LISBOA
•Mérida
Guadiana
•Ciudad R

•Badajoz

38°
Sierra Morena

Córdoba
Guadalquivir

•Sevilla
•Jaén
ANDALUCIA

C. San Vicente
•Huelva
Sistema

Granada
Sierra N

•Málaga

•Cádiz
Costa del Sol

36°
C. Trafalgar
Gibraltar

ESPAÑA
Estrecho de Gibraltar
Gibraltar

Ceuta

0   100   200 km

MARRUECOS
Me

8°   6°   4°

FRANCIA

San Sebastián

Pamplona

NAVARRA

Pirineos

ANDORRA

Figueras

42°

Huesca

ARAGÓN

CATALUÑA

Gerona

Zaragoza

Lérida

Sabadell
Tarrasa

Costa Brava

Barcelona

Ebro

Tarragona

Tortosa

Sistema Ibérico

Teruel

Cuenca

Castellón

ISLAS BALEARES

Menorca

40°

Mahón

Palma

VALENCIA

Valencia

Mallorca

Júcar

Albacete

Ibiza

Alicante
Elche

Costa Blanca

38°

bético

Murcia

MURCIA

Cartagena

MAR MEDITERRÁNEO

OCÉANO ATLÁNTICO

Lanzarote

ISLAS CANARIAS

La Palma

Fuerteventura

Sta. Cruz
de Tenerife

Gomera

Teide

Las Palmas
de Gran
Canaria

28°

Hierro

Tenerife

16°

Gran Canaria

14°

2°

ESPAÑOL EN EL HORIZONTE

Eugenio del Prado / Hanako Saito / Shinji Nakamichi

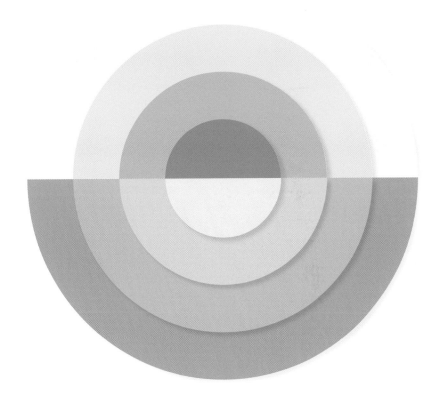

HAKUSUISHA

─── 音声ダウンロード ───

 この教科書の音源は、白水社ホームページ（www.
hakusuisha.co.jp/download/）からダウンロードすることが
できます。（お問い合わせ先：text@hakusuisha.co.jp）

装丁：阿部賢司（silent graph）

イラスト：下西盛国

吹込：山浦アンヘラ

ダニエル・フェルナンデス

は じ め に

　本書は、スペイン語を初めて学ぶ大学生を対象とするテキストです。スペイン語の基礎が 1 年間で身につくように、読む・書くという練習に加え、スペイン語でやり取りをする練習も豊富に用意してあります。

　各課は次のように構成されています。

文　法　　　　コミュニケーション　　　文　法　　　コミュニケーション
Gramática A — Comunicación A — Gramática B — Comunicación B

　一歩ずつ着実に新しい文法事項を理解していけるように、各課の文法ページを A, B の 2 つに分け、それぞれに対応するコミュニケーション活動のページを、文法ページのすぐとなりに配置しました。学習したことがらを、コミュニケーションの場面ですぐに生かしてみましょう。

• Gramática A, B

　初めてスペイン語を学ぶ学習者に必要と思われる文法項目を、日常的に使われる例文とともに、簡潔に説明しています。学んだ内容の理解がすぐに試せるように、各ページの下には、基本的な文法練習問題「チェック」が用意されています。

• Comunicación A, B

　スペインを舞台に展開する生き生きとした会話文「Diálogo」と、ペアになってスペイン語でやり取りをしたり、自由に書いたり話したりするコミュニケーション練習「Práctica」から成っています。新しい単語が出てきても、イラストや練習例を参考に、スペイン語をどんどん使ってみましょう。

　本書の最後には、「¡Fíjate!」という練習問題ページがついています。各課の学習のまとめとして挑戦してみてください。どの課のページにも、間違い探し問題、和文西訳、スペイン語の質問が用意されています。日本語話者が誤りやすい箇所をあらためて確認しながら、覚えたスペイン語で作文ができるか、自分の伝えたい内容がスペイン語で言えるようになったか、試してみましょう。

　スペイン語を学び始めると、広大なスペイン語圏の歴史や社会、芸術、音楽、スポーツなど、興味の幅がこれまで以上に広がることでしょう。地平線（el horizonte）の向こうには、新たなスペイン語世界との出会いが、みなさんを待っているはずです。

2019 年 10 月

著者一同

Índice 目 次

Introducción

1 アルファベット　El alfabeto　◀002

A a (a)	**B b** (be)	**C c** (ce)	**D d** (de)	**E e** (e)	**F f** (efe)	**G g** (ge)
H h (hache)	**I i** (i)	**J j** (jota)	**K k** (ka)	**L l** (ele)	**M m** (eme)	**N n** (ene)
Ñ ñ (eñe)	**O o** (o)	**P p** (pe)	**Q q** (cu)	**R r** (erre)	**S s** (ese)	**T t** (te)
U u (u)	**V v** (uve)	**W w** (uve doble)		**X x** (equis)	**Y y** (ye)	**Z z** (zeta)

2 注意すべきつづり　Ortografía y pronunciación　◀003

	[a]	[e]	[i]	[o]	[u]
[k]	ca	**que**	**qui**	co	cu
[g]	ga	**gue**	**gui**	go	gu
[gw]	gua	**güe**	**güi**	guo	–
[θ][s]	**za**	**ce**	**ci**	zo	zu
[x]	**ja**	**ge / je**	**gi / ji**	jo	ju

3 アクセントの 3 つの規則　El acento　◀004

1) 母音または -n, -s で終わる語は、終わりから 2 番目の音節にアクセント。

amigo 友人	camarero ウェイター	deporte スポーツ
semana 週	Carmen カルメン	martes 火曜日

2) -n, -s 以外の子音で終わる語は、最後の音節にアクセント。

animal 動物	comedor 食堂	español スペイン語
hotel ホテル	profesor 先生	universidad 大学

3) 例外：アクセント符号のある語は、符号のついた音節にアクセント。

aquí ここに	estación 駅	inglés 英語
Japón 日本	música 音楽	adiós さようなら

4 母音　Las vocales ◀005

強母音 **a e o**　　　弱母音 **i u** ♦ u は日本語の「う」より唇を丸めて発音。

1) 二重母音：ひとつの母音として扱います。

「弱母音」+「強母音」ia　ie　io　ua　ue　uo

piano ピアノ　　　tiempo 時間　　　agua 水　　　antiguo 古い

「強母音」+「弱母音」ai (ay)　ei (ey)　oi (oy)　au　eu　ou

aire 空気　　　seis 6　　　causa 原因　　　Europa ヨーロッパ

「弱母音」+「弱母音」iu　ui (uy)

ciudad 都市　　　triunfo 勝利　　　ruido 騒音　　　Luis ルイス

♦「強母音」+「強母音」は二重母音ではなく、独立した 2 つの母音として扱います。

museo 美術館　　　tarea 課題　　　país 国（í, ú も強母音）

2) 三重母音

「弱母音」+「強母音」+「弱母音」iai　iei　uai (uay)　uei (uey)

estudiáis （君たちは）勉強する　　　Paraguay パラグアイ

5 子音　Las consonantes

1) 比較的やさしい子音 ◀006

b [b] = **v** [b]	banco 銀行	bien 良く	vino ワイン
ch [tʃ]	coche 車	chica 女の子	mucho たくさんの
d [d]	deporte スポーツ	dinero お金	domingo 日曜日
（語末ではほとんど無音）	usted あなたは	universidad 大学	Madrid マドリード
f [f]	café コーヒー	foto 写真	fiesta パーティー
k [k]（外来語のみ）	Tokio 東京	kimono 着物	kilogramo キログラム
m [m]	madre 母	mesa テーブル	amor 愛
n [n]	nada 何も〜ない	animal 動物	nueve 9
ñ [ɲ]	niña 女の子	compañía 会社	España スペイン
p [p]	padre 父	película 映画	pepino キュウリ
s [s]	sábado 土曜日	semana 週	sol 太陽
t [t]	tarde 午後	total 全部	estudio 勉強
w [w]（外来語のみ）	whisky ウイスキー	web ウェブ	

2) 注意を要する子音 ◀007

c [k]	ca co cu	casa 家	cultura 文化	barco 船
[θ][s]	ce ci	cena 夕食	cine 映画館	ciudad 都市

g	[g]	ga go gu	gato 猫	amigo 友人	agua 水
		gue gui	guerra 戦争	guitarra ギター	
	[x]	ge gi	gente 人々	página ページ	
	[gw]	güe güi	bilingüe バイリンガル	pingüino ペンギン	
h	[無音]		historia 歴史	hospital 病院	Alhambra アルハンブラ宮殿
j	[x]		Japón 日本	joven 若者	reloj 時計
l	[l]		leche ミルク	libro 本	luna 月
ll	[ʎ]		paella パエリャ	calle 通り	lluvia 雨
q	[k]	que qui	pequeño 小さい	queso チーズ	aquí ここに
r	[ɾ]		trabajar 働く	pero しかし	pintor 画家
	[r] （語頭）		radio ラジオ	rosa バラ	Rusia ロシア
rr	[r]		Inglaterra 英国	correo 郵便	perro 犬
x	[ks]（母音の前）		examen 試験	éxito 成功	
	[s]（子音の前）		experto 専門家	extranjero 外国人	
	[x]（例外として）		México メキシコ	mexicano メキシコ人	
y	[j]		ya もう	ayer 昨日	mayo 5月
	[i]（語末または単独）		hoy 今日	Uruguay ウルグアイ	y そして
z	[θ][s]		cerveza ビール	zoo 動物園	vez 回

3）二重子音：次の2つの子音の組み合わせは、ひとつの子音として扱います。　　　◀008

bl　cl　fl　gl　pl

blanco 白い　　　clase 授業　　　flor 花　　　iglesia 教会　　　plan 計画

br　cr　fr　gr　pr　dr　tr

fruta 果物　　　gracias ありがとう　　　padre 父　　　otro 他の

まとめて覚えよう 1 0から10までの数詞を発音して覚えましょう。Lee.　　　◀009

0 cero	1 uno	2 dos	3 tres	4 cuatro	5 cinco
6 seis	7 siete	8 ocho	9 nueve	10 diez	

まとめて覚えよう 2 国名や国籍を発音して覚えましょう。Lee.　　　◀010

国 名	国 籍		国 名	国 籍	
Japón	japonés	japonesa	Alemania	alemán	alemana
China	chino	china	Francia	francés	francesa
Corea	coreano	coreana	México	mexicano	mexicana
España	español	española	Perú	peruano	peruana
Inglaterra	inglés	inglesa	Argentina	argentino	argentina
Italia	italiano	italiana	Estados Unidos	estadounidense	estadounidense

チェック 1 次の単語を発音しましょう。Lee. ◀011

1) parque 公園
2) lengua 言語
3) jamón ハム
4) torre 塔
5) química 化学
6) ingeniero 技師
7) pañuelo ハンカチ
8) ayer 昨日
9) mujer 女性
10) exacto 正確な
11) viajar 旅行する
12) zapatos 靴
13) rey 王様
14) hombre 男性
15) gusto 好み
16) hijo 息子
17) siguiente 次の
18) gigante 巨人
19) cocina 台所
20) llegar 着く
21) chocolate チョコレート

チェック 2 次の単語の中で一番強く発音する母音に○をつけ、発音しましょう。Sigue el modelo. ◀012

例 camarero → camar(e)ro

1) patio 中庭
2) mañana 明日
3) lunes 月曜日
4) bueno 良い
5) ruinas 遺跡
6) ciudad 都市
7) Argentina アルゼンチン
8) supermercado スーパー
9) farmacia 薬局
10) feliz 幸福な
11) pijama パジャマ
12) cambio 変化
13) ejercicio 練習問題
14) hospital 病院
15) cuadro 絵
16) izquierda 左
17) euro ユーロ
18) girasol ひまわり
19) cielo 空
20) viuda 未亡人
21) examen 試験

チェック 3 次のあいさつを読んでみましょう。Lee. ◀013

1) Hola. — やあ。
2) Buenos días. — おはようございます。
3) Buenas tardes. — こんにちは。
4) Buenas noches. — こんばんは。
5) Adiós. — さようなら。
6) Hasta luego. — また後で。
7) Hasta la próxima semana. — また来週。

チェック 4 次の「教室でよく使う表現」を読んでみましょう。Lee. ◀014

1) ¿Cómo se dice "mizu" en español? — 「水」はスペイン語で何と言いますか？
2) ¿Cómo se escribe? — どのように書きますか？
3) Escucha, por favor. — どうぞ、聞いてください。
4) Lee, por favor. — どうぞ、読んでください。
5) Escribe, por favor. — どうぞ、書いてください。
6) Más despacio, por favor. — もっとゆっくりお願いします。
7) Otra vez, por favor. — もう一度お願いします。
8) Practica con tu compañero. — 仲間と練習しなさい。
9) No entiendo. — 分かりません。

Diálogo 1 *(en clase)* 🔊 015

Susana:	¡Hola!, me llamo Susana. Encantada.
Federico:	Yo me llamo Federico. Encantado.
Eva:	¡Hola!, me llamo Eva. Mucho gusto.

Diálogo 2 *(en la universidad)* 🔊 016

Eva:	Hola, buenos días, Alex.
Alex:	Hola, Eva. ¿Qué tal?
Eva:	Bien, ¿y tú?
Alex:	Muy bien, gracias.

....

Alex:	Adiós, Eva.
Eva:	Adiós, hasta luego.

Práctica 1 例にならって、単語のつづりをペアで教えあいましょう。Sigue el modelo y practica con tu compañero.

例 A: ¿Cómo se dice "本" en español? B: *Libro*.

A: ¿Cómo se escribe? B: *ele-i-be-erre-o*.

A: Gracias. B: De nada.

Alumno A   Alumno B

Práctica 2 先生が 10 ページのチェック 1 に出てきた単語をいくつか読み上げますので、その単語を書き取りましょう。わからなければ、繰り返してもらいましょう。El profesor os va a dictar unas palabras del ejercicio 1 de la página 10. Escribidlas. Si no entendéis, pedidle repetir otra vez.

1 名詞の数　El número de los sustantivos　◀017

単数形と複数形があります。

1) 母音で終わる名詞には -s をつけて複数形にします。

hermano → hermano**s**　　estudiante → estudiante**s**　　mesa → mesa**s**

2) 子音で終わる名詞には -es をつけて複数形にします。

profesor → profesor**es**　　universidad → universidad**es**　　hotel → hotel**es**

♦ -z で終わる語：vez → ve**c**es

♦ アクセント符号の削除：habitación → habitaci**o**nes　　japonés → japon**e**ses

♦ アクセント符号の付加：examen → ex**á**menes

2 名詞の性　El género de los sustantivos　◀018

スペイン語の名詞は男性名詞と女性名詞に分けられます。

-o で終わる単語の多くは男性名詞、-a, -ción, -sión, -dad で終わる単語の多くは女性名詞です。

	自然の性のある名詞				自然の性のない名詞			
男性名詞	amigo	chico	profesor	padre	libro	diccionario	restaurante	hotel
女性名詞	amiga	chica	profesora	madre	casa	mesa	universidad	estación

♦ 男女同形の名詞：estudiante　pianista

♦ -a で終わる男性名詞：día　mapa　problema　　♦ -o で終わる女性名詞：foto　mano　radio

3 定冠詞と不定冠詞　El artículo determinado e indeterminado　◀019

定冠詞は、特定された人や物を示します。「その、それらの」の意味になります。

不定冠詞は不特定の人や物を示し、単数形は「ひとつの、ある」、複数形は「いくつかの〜」の意味になります。

定冠詞

	単数	複数
男性	**el**	**los**
女性	**la**	**las**

不定冠詞

	単数	複数
男性	**un**	**unos**
女性	**una**	**unas**

el niño　　　los niños
la niña　　　las niñas
un chico　　unos chicos
una chica　　unas chicas

チェック 1　次の名詞を複数形にして和訳しましょう。Escribe el plural de estas palabras.

1) libro　→ ....　2) ciudad　→ ....　3) padre　→ ....

4) lápiz　→ ....　5) joven　→ ....　6) mujer　→ ....

7) francés　→ ....　8) estación →　................　9) hospital　→ ....

チェック 2　男性名詞は女性名詞に、女性名詞は男性名詞にして和訳しましょう。Cambia de género.

1) hija　　→ ....　2) hermano →　................　3) amigo　　→ ....

4) futbolista →　................　5) pintor　　→ ....　6) estudiante →　................

チェック 3　左に定冠詞、右に不定冠詞を入れましょう。Escribe el artículo determinado e indeterminado.

1) (　　/　　) sillas　　2) (　　/　　) amigo　　3) (　　/　　) habitación

4) (　　/　　) días　　5) (　　/　　) examen　　6) (　　/　　) manos

Diálogo *(en la cafetería)*  🔊020

Camarero:	Hola, buenas tardes.
Alex:	Buenas tardes. Un café con leche, por favor. ¿Y tú, Eva?
Eva:	Yo, un té.
Alex:	¡Ah!, también un bocadillo de jamón.
Eva:	Yo, un bocadillo de tortilla de patatas.
Camarero:	Sí, muy bien. Ahora mismo.

Práctica 1 例にならって、不定冠詞・定冠詞を使いながら、ペアで練習しましょう。5) 〜 8) は役割を変えて練習しましょう。Sigue el modelo y practica con tu compañero.

例 1) A: Mira, *una estación*.　B: Sí, es *la estación de Atocha*.

5) B: Mira, *un castillo*.　A: Sí, es *el castillo de Osaka*.

Alumno A

1) estación　2) museo

3) torre　4) gafas

5) de Osaka　6) Mayor

7) de Don Quijote　8) de Toledo

Alumno B

1) de Atocha　2) del Prado

3) de Tokio　4) de Carmen

5) castillo　6) plaza

7) libro　8) catedral

Práctica 2 枠内の食べ物・飲み物を使いながら、3 人のグループで、上の会話を練習しましょう。Mira el recuadro y practica con dos compañeros el diálogo.

Bebidas:	un café　　un café con leche　　un té　　un vino　　una cerveza
	un zumo de naranja　　una botella de agua mineral
Comida:	un bocadillo de jamón　　un bocadillo de queso
	una tapa de tortilla de patatas　　unos churros

1 主格人称代名詞　Los pronombres personales de sujeto　◀021

	単　数		複　数	
1人称	**yo**	私は	**nosotros, nosotras**	私たちは
2人称	**tú**	君は	**vosotros, vosotras**	君たちは
3人称	**él**	彼は	**ellos**	彼らは
	ella	彼女は	**ellas**	彼女たちは
	usted	あなたは	**ustedes**	あなた方は

◆ usted は Ud. または Vd.、ustedes は Uds. または Vds. と略記されます。
◆ イスパノアメリカでは vosotros, vosotras の代わりに ustedes が用いられます。

2 動詞 ser 直説法現在　El presente de indicativo — Verbo *ser*　◀022

	単　数		複　数	
1人称	yo	**soy**	nosotros /-as	**somos**
2人称	tú	**eres**	vosotros /-as	**sois**
3人称	él, ella, Ud.	**es**	ellos, ellas, Uds.	**son**

◆ 主語は省略できます。

1) 職業、国籍、性格、特徴などを表すつなぎ動詞のひとつです。

Soy estudiante.　　　Ella es Alicia.　　　　　Nosotros somos japoneses.

2) ser + de 〜：出身を表します。

Soy de Tokio.　　　Juan es de Perú.　　　　Ellos son de México.

疑問文は、一般的に［動詞 + 主語］の順になります。否定文は動詞の前に no を置きます。
疑問詞を用いる文では、［(前置詞 +) 疑問詞 + 動詞 + 主語］の順になります。

A: ¿Es usted japonés?　　　B: Sí, soy japonés. / No, no soy japonés.

A: ¿De dónde son ustedes?　　B: Somos españoles. / Somos de España.

チェック 1　次の語句に代わる主格人称代名詞を書きましょう。Sigue el modelo.

例 Antonio y José → *ellos*

1) María　　　　 → ....　　2) Jorge y yo　　　 → ....

3) Ana y Carmen → ....　　4) José y tú　　　　 → ....

5) Francisco　　 → ....　　6) Alicia y Antonio → ....

チェック 2　動詞 ser を正しい形にして入れ、和訳しましょう。Escribe la forma correcta del verbo *ser*.

1) Nosotros .... peruanos.

2) ¿De dónde .... tú?

3) ¿................. vosotras españolas?

4) Elena .... estudiante de japonés.

5) Yo .... profesora.

6) Ellos .... de Alemania.

Diálogo *(en la universidad)* ◀ 023

Susana:	Hola, ¿cómo te llamas?
Kenta:	Me llamo Kenta.
Susana:	¿De dónde eres?
Kenta:	Soy japonés, de Yokohama. ¿Y tú?
Susana:	Me llamo Susana. Soy española de Madrid, y soy profesora de español.
Kenta:	Ah, usted es la profesora de español.
Susana:	Sí. ¡Encantada, Kenta!
Kenta:	¡Encantado!

Práctica 1 例にならって、質問と答えを書きましょう。Sigue el modelo. Haz la pregunta y responde.

例 ¿ *De dónde eres* tú?

Yo soy español.

1) ¿ .... vosotros?

2) ¿ .... Akira y Risa?

3) ¿ .... ella?

4) ¿ .... él?

Práctica 2 枠内の人物情報を見ながら、例にならって質問と答えを書きましょう。Sigue el modelo.

Eva (Francia) París	yo (México) Ciudad de México	Federico (Italia) Roma
Victoria (Inglaterra) Londres	Olivia y yo (EE UU) Los Ángeles	Ayumi (Japón) Tokio
Luisa (España) Madrid	Alex (Inglaterra) Londres	Carmen (España) Madrid

例 ¿ *De dónde es* Eva?　　　　*Ella es francesa, de París.*

1) ¿ .... Ayumi?

2) ¿ .... Luisa y Carmen?

3) ¿ .... Olivia y tú?

4) ¿ .... tú?

5) ¿ .... Victoria y Alex?

6) ¿ .... Federico?

¡Fíjate! → p.75

1 所有形容詞前置形　Los adjetivos posesivos átonos　◀024

私の	mi	私たちの	nuestro
君の	tu	君たちの	vuestro
彼の、彼女の、あなたの	su	彼らの、彼女たちの、あなた方の	su

名詞の前に置かれ、mi, tu, su は名詞の数に、nuestro, vuestro は名詞の性・数に合わせます。

mi padre　　mis padres　　　tu abuelo　　tus abuelos　　　su profesor　　sus profesores

nuestro amigo　　　nuestra amiga　　　nuestros amigos　　　nuestras amigas

vuestro coche　　　vuestra casa　　　vuestros coches　　　vuestras casas

2 指示形容詞　Los adjetivos demostrativos　◀025

	この		その		あの	
	単数	複数	単数	複数	単数	複数
男性	este	estos	ese	esos	aquel	aquellos
女性	esta	estas	esa	esas	aquella	aquellas

名詞の前に置かれ、名詞の性・数に合わせます。

este libro　　　estos libros　　　　　esta novela　　　estas novelas

ese restaurante　　esos restaurantes　　　esa cafetería　　esas cafeterías

aquel hombre　　aquellos hombres　　　aquella mujer　　aquellas mujeres

指示代名詞「これ、それ、あれ」としても用いられます。

Este es mi hermano, Antonio.

中性の指示代名詞 esto, eso, aquello

A: ¿Qué es esto?　B: Es un móvil.

チェック 1　該当する所有形容詞を適切な形にして入れましょう。 Sigue el modelo.

例 (yo) _mi_ libro

1) (nosotros) _____ padres

2) (Ana y Antonio) _____ amigas

3) (ella) _____ hermana

4) (yo) _____ abuelos

5) (tú) _____ fotos

6) (tu hermana y tú) _____ perro

7) (ustedes) _____ hija

8) (yo) _____ gato

9) (mis padres y yo) _____ ciudad

10) (vosotros) _____ revistas

チェック 2　（　）内に適切な指示形容詞を入れ、さらに複数形にしましょう。 Completa con los adjetivos demostrativos adecuados y escribe el plural.

1) (あの　　　　　) hotel　→ _____

2) (この　　　　　) libro　→ _____

3) (その　　　　　) novela　→ _____

4) (その　　　　　) bolígrafo　→ _____

5) (この　　　　　) mujer　→ _____

6) (あの　　　　　) profesora　→ _____

Diálogo　　　　　　　　　　　　　　　　　　　　　　　　　　◀026

Susana:　¡Hola, Kenta!, ¿qué tal?

Kenta:　Bien, ¿y tú?

Susana:　Muy bien. Mira, esta es Eva, una alumna de la clase de español. Es francesa.

Kenta:　¡Hola! ¡Encantado! ¿Eres de París?

Eva:　Sí, ¿y tú?

Kenta:　Soy de Japón, de Yokohama.

Práctica 1　例にならって、ペアで練習しましょう。Sigue el modelo y practica con tu compañero.

例 móvil　A: ¿Qué es *esto*?　　　sombrero　A: ¿Qué es *eso*?　　　farmacia　A: ¿Qué es *aquello*?

　　　　　B: *Es un móvil.*　　　　　　　　　B: *Es un sombrero.*　　　　　　　B: *Es una farmacia.*

1) ordenador　　　　　　　　2) gafas　　　　　　　　3) hospital

Práctica 2　例にならって、枠内の単語に所有形容詞をつけて、空欄を埋めましょう。Mira las imágenes y sigue el modelo.

~~hermano~~　marido　hijos　hermana　padres

例 Pilar y *su hermano*　　　　1) yo y _____　　　　2) Pilar y _____

3) Marta y _____　　　　4) mi marido, yo y _____

1 形容詞　El adjetivo　◀027

名詞を修飾する時には、原則として名詞の後ろに置かれ、修飾する名詞の性・数に合わせて語尾が変化します。
形容詞の複数形の作り方は、名詞の場合と同じで、母音で終わる語には -s、子音で終わる語には -es をつけます。

1) -o で終わる形容詞は性数変化します。

un hotel nuevo　　unos hoteles nuevo**s**　　una casa nueva**a**　　unas casas nuev**as**

形容詞は主語の性・数に合わせても語尾が変化します。

El chico es alto.　　Los chicos son alto**s**.　　La chica es alt**a**.　　Las chicas son alt**as**.

2) -o 以外で終わる形容詞は数のみ変化します。

un hombre alegre　unos hombres alegre**s**　　una mujer alegre　　unas mujeres alegre**s**
El libro es difícil.　　Los libros son difícil**es**.

◆ 国名・地名の形容詞は性数変化します。

el coche japonés　　los coches japones**es**　　una casa japones**a**　　unas casas japones**as**

◆ bueno, mucho など、名詞の前に置かれる形容詞もあります。　Es una buena idea.　　Muchas gracias.

2 数 1 〜 100　Los numerales (1–100)　◀028

1 uno	2 dos	3 tres	4 cuatro	5 cinco
6 seis	7 siete	8 ocho	9 nueve	10 diez
11 once	12 doce	13 trece	14 catorce	15 quince
16 dieciséis	17 diecisiete	18 dieciocho	19 diecinueve	20 veinte
21 veintiuno	22 veintidós	23 veintitrés	24 veinticuatro	25 veinticinco
26 veintiséis	27 veintisiete	28 veintiocho	29 veintinueve	30 treinta
31 treinta y uno	40 cuarenta	50 cincuenta	60 sesenta	70 setenta
80 ochenta	90 noventa	99 noventa y nueve	100 cien	

1（uno）と、21 以降の uno で終わる数には、男性形と女性形があります。

un año　　　una semana　　veintiún coches　　veintiuna horas

チェック 1　（　）内の形容詞を適切な形にしましょう。Escribe la forma correcta del adjetivo.

1) una niña (alegre) → _____　2) los libros (interesante) → _____

3) las casas (nuevo) → _____　4) unos coches (alemán) → _____

5) los hombres (simpático) → _____　6) unas lenguas (difícil)　→ _____

チェック 2　動詞 ser と形容詞を正しい形にして文を完成させ、和訳しましょう。Escribe la forma correcta del
　　　　　verbo *ser* y del adjetivo.

1) Mi hermana _____ (alto) _____ .　2) Aquellos chicos _____ (amable) _____ .

3) Nosotros _____ (joven) _____ .　4) Vosotras _____ (guapo) _____ .

チェック 3　数詞を書きましょう。Escribe las cifras en español.

1) 13 _____ estudiantes　2) 19 _____ años　3) 24 _____ horas

4) 31 _____ personas　5) 52 _____ euros　6) 76 _____ dólares

Diálogo ◀029

Susana: Mira, este es mi marido, José.

Esta es mi hija, Martina y estos son mis padres.

Kenta: Tus padres son muy jóvenes, ¿no?

Susana: Sí, y ese es mi hermano, Luis.

Kenta: ¡Es alto y muy guapo!

Susana: Sí. Esa es mi hermana, Lucía.

Es alegre y muy simpática.

Práctica 1 例にならって、枠内の形容詞を選んで入れましょう。Sigue el modelo.

~~interesante~~ guapa alto grande aburrida amables caros

例 un libro _interesante_

1) una casa _____

2) un chico _____

3) unos coches _____

4) una película _____

5) una mujer _____

6) unas chicas _____

Práctica 2 枠内の形容詞を使いながら、例にならって絵の人物を描写しましょう。Mira las imágenes y sigue el modelo.

simpático / antipático alto / bajo mayor / joven guapo / feo
serio / divertido trabajador / vago inteligente / tonto amable

例 A: ¿Cómo *es Silvia*? B: *Es baja, delgada, inteligente y alegre.*

Silvia   1) Isabel   2) Clara y María   3) Roberto   4) Mario y Luis

---

Práctica 3 例にならって、ペアで練習しましょう。Sigue el modelo y practica con tu compañero.

例 A: 13 + 5 *¿Trece más cinco son?* B: _Dieciocho._

1) 11 + 3 _____

2) 6 + 15 _____

3) 12 + 10 _____

4) 16 + 53 _____

5) 85 + 7 _____

6) 20 + 68 _____

7) 44 + 31 _____

8) 72 + 28 _____

¡Fíjate! → p.76

1 動詞 estar 直説法現在　El presente de indicativo — Verbo *estar*　◀030

	単 数		複 数	
1人称	yo	**estoy**	nosotros /-as	**estamos**
2人称	tú	**estás**	vosotros /-as	**estáis**
3人称	él, ella, Ud.	**está**	ellos, ellas, Uds.	**están**

1) 特定の人や物の所在を表します。

Ese restaurante está cerca de la estación.

A: ¿Dónde estás?　　B: Ahora estoy en casa.

2) estar + 形容詞：主語の一時的な状態を表します。

A: ¿Cómo estáis?　　B: Estamos muy ocupados.

Este café está muy caliente.

A: ¿Qué tal?　　B: Estoy muy bien, gracias.　　♦ bien は副詞

2 場所の表現　Las expresiones de lugar　◀031

Mi casa está **cerca de** (⇔ **lejos de**) la universidad.

A: ¿Dónde está tu hermana mayor?　B: Está **a la derecha de** (⇔ **a la izquierda de**) Pablo.

Mi hermana está **al lado de** la ventana.　　♦ al ← a + el

Tus llaves están **encima de** (⇔ **debajo de**) la mesa.

El perro está **delante de**l sofá. (⇔ **detrás de**)　　♦ del ← de + el

La cafetería está **entre** la biblioteca y el parque.

Ahí está mi casa.　　♦ aquí ここ、ahí そこ、allí あそこ

チェック 1　動詞 estar を正しい形にして入れ、和訳しましょう。Escribe la forma correcta del verbo *estar*.

1) El hotel _____ en el centro de la ciudad.

2) Hoy yo _____ ocupado.

3) A: ¿Cómo _____ tus padres?　　B: _____ muy bien.

4) A: ¿Ahora _____ tú en la clase?　　B: No, _____ en el comedor.

5) A: ¿Dónde _____ vosotros?　　B: _____ en la estación.

チェック 2　[ ] の日本語に合わせて場所を表す語句を書き、和訳しましょう。de と el が並ぶ場合には注意しましょう。Mira el japonés y escribe la expresión del lugar apropiada.

1) El ordenador está _____ la mesa y la estantería.　[テーブルと本棚の間に]

2) Pablo está _____ María.　[María の左に]

3) El supermercado está _____ la estación.　[駅の後ろに]

4) La tienda está _____ el parque.　[公園の横に]

5) El aeropuerto está _____ el centro.　[中心部から遠くに]

6) La cafetería está _____ la biblioteca.　[図書館の右に]

Diálogo *(en la universidad)* 🔊032

Eva: ¿Qué tal estás hoy, Kenta?

Kenta: Estoy muy cansado. El español es muy difícil. ¡Además mañana examen!

Eva: Entonces, ¿estás preocupado, no?

Kenta: Sí, y muy nervioso.

Eva: ¡Ánimo!

Práctica 1 例にならって、枠内の形容詞を使って状態を説明しましょう。Mira las imágenes y sigue el modelo.

| ~~rico~~ preocupado caliente nervioso sucio contento |

例 La paella *está rica.*

1) Kenta _____

2) Ana _____

3) Las patatas _____

4) Las niñas _____

5) La habitación _____

Práctica 2 次の文章を読んで、下の図の中に、何がどこにあるかを書き入れましょう。Lee la explicación del recuadro y escribe dónde están los lugares.

Detrás de mi casa está el jardín. A la derecha está el garaje. Delante está la parada de autobús. A la izquierda está la casa de mis abuelos. Cerca de mi casa está la estación de metro.

1)

2)   3)

4)   5)

21

1 ser + 形容詞・estar + 形容詞 *Ser / estar + adjetivo* ◀033

1) ser + 形容詞：主語の性質・特徴・性格など永続的なものを表します。

> Vosotros sois muy amables.　Tu habitación es grande.

> A: ¿Cómo son tus padres?　B: Mi padre es alto y serio, y mi madre es delgada y simpática.

2) estar + 形容詞：主語の一時的な状態を表します。

> Nuestra hija está resfriada.　Esta paella está muy buena.　Estoy cansado.

♦ ser と estar のどちらを使うかにより、意味の変わる形容詞もあります。

> Mi hermano mayor es un poco nervioso.　Normalmente estoy nerviosa antes del examen.

> Mi madre es alegre.　Ahora Alicia está alegre.

2 動詞 tener 直説法現在 *El presente de indicativo — Verbo tener* ◀034

	単　数		複　数	
1人称	yo	**tengo**	nosotros /-as	**tenemos**
2人称	tú	**tienes**	vosotros /-as	**tenéis**
3人称	él, ella, Ud.	**tiene**	ellos, ellas, Uds.	**tienen**

動詞 tener は所有を表します。

> A: ¿Cuántos años tienes?
> B: Tengo diecinueve años.
> A: ¿Tienes hermanos?
> B: Sí, tengo un hermano menor.

> Carmen tiene un hijo y una hija.　Sus hijos tienen los ojos azules y el pelo rubio.

3 tener + 名詞（hambre / sed / calor / frío / sueño）の表現 *Tener + sustantivo* ◀035

> A: ¿Tienes hambre?　B: Sí, tengo mucha hambre.

> A: ¿Tienes calor?　B: No, tengo un poco de frío.

チェック 1　動詞 ser か estar を正しい形にしましょう。Escribe la forma correcta del verbo *ser* o *estar*.

1) Esta sopa _____ fría.　2) Mi profesora _____ simpática.

3) Marta _____ ocupada ahora.　4) Yo _____ en un bar, delante de la universidad.

5) Sus gafas _____ muy caras.　6) Las chicas _____ jóvenes.

7) A: ¿ _____ tú cansado?　B: No, no _____ cansado.

8) A: ¿Cómo _____ usted?　B: _____ muy bien, gracias.

9) A: ¿Cómo _____ tus abuelos?　B: _____ muy amables.

チェック 2　動詞 tener を正しい形にしましょう。Escribe la forma correcta del verbo *tener*.

1) Mi hermano mayor _____ un coche.　2) Nosotros _____ el pelo negro.

3) ¿ _____ (vosotros) tiempo libre?　4) ¿Cuántos hermanos _____ Begoña?

5) A: ¿ _____ (tú) clase hoy?　B: No, no _____ clase.

チェック 3　動詞 estar か tener を正しい形にしましょう。Escribe la forma correcta del verbo *estar* o *tener*.

1) Los niños _____ mucho sueño.　2) Su hija _____ muy enferma.

3) Nosotros _____ resfriados.　4) Yo _____ un poco de sed.

5) Este café _____ muy caliente.　6) ¿No _____ (vosotros) frío?

Diálogo

◀ 036

Eva: ¿Cuántos sois en vuestra familia?

Kenta: En mi familia somos 4. Mi padre, mi madre, mi hermana y yo.

Eva: ¿Cómo es tu padre?

Kenta: Es alto y gordo. Tiene el pelo corto y negro. Es serio y trabajador.

Eva: ¿Cómo es tu madre?

Kenta: Mi madre es baja y delgada. Ella es ama de casa. Es muy simpática y amable. Tiene el pelo largo y rizado.

Eva: ¿Cuántos años tiene tu hermana?

Kenta: Tiene 18 años. Es muy alta e* inteligente, pero un poco vaga. Tiene los ojos grandes.

* i, hi から始まる語の前で、y は e になる

Práctica 1 例にならって、枠内の形容詞を使って質問に答えましょう。Mira las imágenes y sigue el modelo.

~~largo~~ corto negro rubio rizado

例 ¿Cómo tiene el pelo Teresa?   1) ¿Cómo tiene el pelo Pepe?   2) ¿Cómo tiene el pelo Rosa?

　Tiene el pelo largo.

3) ¿Cómo tiene el pelo Miguel?   4) ¿Cómo tiene el pelo Sara?

Práctica 2 あなたの家族について書きましょう。Ahora escribe aquí sobre tu familia.

En mi familia somos

¡Fíjate! → p.77

1 直説法現在 ― 規則動詞 El presente de indicativo — Verbos regulares ◀037

-ar 動詞、-er 動詞、-ir 動詞の 3 種類があります。

		-ar 動詞 hablar（話す）	-er 動詞 comer（食べる）	-ir 動詞 vivir（住む）
1 人称単数	yo	hablo	como	vivo
2 人称単数	tú	hablas	comes	vives
3 人称単数	él, ella, usted	habla	come	vive
1 人称複数	nosotros /-as	hablamos	comemos	vivimos
2 人称複数	vosotros /-as	habláis	coméis	vivís
3 人称複数	ellos, ellas, ustedes	hablan	comen	viven

-ar 動詞：comprar enseñar esperar estudiar llegar practicar tocar tomar trabajar viajar visitar
-er 動詞：aprender beber leer　　　　-ir 動詞：abrir escribir

直説法現在の用法 ◀038

1）現在の事柄（動作・状態・習慣）を表します。

A: ¿Hablas inglés?　　　　B: Sí, hablo un poco de inglés.
A: ¿Qué estudiáis?　　　　B: Estudiamos español.
A: ¿Cuántos días trabajas?　　B: Trabajo dos días a la semana.
A: ¿Aprendes piano?　　　　B: Sí, una vez a la semana.
A: ¿Dónde viven ustedes?　　B: Vivimos en Argentina.
A: ¿Escribes mensajes todos los días?　　B: Sí, escribo muchos mensajes.

2）確実性の高い未来の事柄を表します。

Este fin de semana viajamos por Hokkaido.

チェック 1 次の動詞の活用を書きましょう。Conjuga los siguientes verbos.

1) esperar　　　2) leer　　　3) escribir

チェック 2 （　）内の動詞を直説法現在の正しい形にし、和訳しましょう。さらに［　］の主語に変えましょう。Conjuga correctamente los verbos.

1) Las tiendas (abrir) _____ los domingos también. [la tienda]
2) Yo (tocar) _____ la guitarra. [mis amigos]
3) Nosotros (aprender) _____ baile flamenco. [María]
4) ¿(Tomar, vosotros) _____ café con leche? [tú]
5) Yo (vivir) _____ en Los Ángeles. [nosotros]
6) ¿(Leer, tú) _____ esa revista? [vosotros]
7) Mi hermana y yo (visitar) _____ Kamakura el sábado. [mis hermanas]
8) ¿(Escribir, tú) _____ tarjetas de Navidad? [vosotros]
9) Yo (estudiar) _____ Economía. [mi prima]
10) Mis padres (beber) _____ vino blanco. [yo]

Diálogo

◀039

Kenta: Oye*, Victoria, ¿estudias o trabajas?

Victoria: Bueno, yo ahora estudio español y trabajo como profesora de inglés en una academia. ¿Y tú?

Kenta: Yo soy estudiante universitario.

Victoria: Para vosotros, los japoneses, ¿es difícil el español?

Kenta: Sí, por eso* estoy aquí para practicar.

Victoria: ¿Trabajas?

Kenta: No, no trabajo, pero practico la guitarra flamenca. Y tú, ¿tocas la guitarra?

Victoria: No, pero toco el piano.

* oye ねえ
* por eso だから

Práctica 1 枠内の情報を見ながら、例にならって人物紹介をしましょう。 Mira los recuadros y sigue el modelo.

Federico

País: Italia

Edad: 28 años

Idiomas: italiano, inglés y español

Trabajo: camarero

Vivienda: piso compartido

Instrumento: el piano

Deporte: el fútbol

Eva

País: Francia

Edad: 25 años

Idiomas: francés, inglés y alemán

Trabajo: guía turística

Vivienda: apartamento

Instrumento: el violín

Deporte: no practica

Alex

País: Inglaterra

Edad: 28 años

Idiomas: inglés y español

Trabajo: periodista

Vivienda: piso compartido

Instrumento: la guitarra

Deporte: el baloncesto

例 Federico es italiano. Tiene 28 años de edad y habla italiano, inglés y español. Trabaja de camarero. Vive en un piso compartido. Toca el piano. Practica el fútbol.

Eva ....

....

Alex ....

....

Práctica 2 Práctica 1 の情報を見ながら、あてはまる人物の名前を入れましょう。 Mira los recuadros de la Práctica 1 y completa las frases.

1) _____ es inglés.

2) _____ y _____ tienen 28 años.

3) _____ y _____ hablan inglés y español.

4) _____ y _____ viven en un piso compartido.

5) _____ no practica deportes.

6) _____ toca la guitarra.

1 hay El verbo *haber*

◀040

hay は英語の there is/are に相当し、動詞 haber の特殊な形で、不特定の人や物の存在を表します。

Hay una cafetería por aquí.   Allí hay un supermercado grande.   Hay unos libros en la mesa.

♦「定冠詞 + 名詞」や「所有形容詞 + 名詞」のように、特定された人や物の所在は動詞 estar を用いて表します。

hay：**不特定**の人や物の存在	estar：**特定**された人や物の所在	
un / una / unos / unas + 名詞	el / la / los / las + 名詞	yo / tú / usted ...
dos / tres / diez ... + 名詞	mi / tu / su ... + 名詞	固有名詞
mucho / mucha / muchos / muchas + 名詞	este / ese / aquel ... + 名詞	
冠詞のつかない名詞		

Hay una universidad en mi ciudad.

Hay muchas tiendas en esta calle.

¿No hay estación de metro por aquí?

Mi universidad está lejos de mi casa.

Los niños están en el parque.

Madrid está en el centro de España.

2 時刻の表現 La hora

◀041

1) 動詞 ser を用いて、「〜時」を表す数に女性定冠詞をつけます。

A: ¿Qué hora es? B: Es la una.   Son las dos.

2) 「〜時〜分」を表すときには、「〜分」の前に y を置き、30 分を過ぎると menos を用いて「〜時〜分前」と表現します。「15 分」は cuarto、「30 分」は media を用います。

Es la una y diez.   Son las ocho y veinte.   Son las once menos cinco.

Son las nueve y cuarto.   Son las seis y media.

3) 「〜時に」を表現するには、前置詞 a を用います。

A: ¿A qué hora llegas a casa? B: Llego a casa a las siete y media.

チェック 1   hay か動詞 estar を正しい形にしましょう。 Escribe la forma correcta del verbo *haber* o *estar*.

1) ＿＿＿＿＿ un hotel cerca de la plaza.

2) Las llaves ＿＿＿＿＿ en la mesa.

3) Allí ＿＿＿＿＿ mi casa.

4) ＿＿＿＿＿ muchas chicas en la clase.

5) En este bar ＿＿＿＿＿ unos cuadros muy bonitos.

6) Mis padres ＿＿＿＿＿ en México.

チェック 2   動詞 ser を用いて次の時刻をスペイン語で書きましょう。 Escribe la hora en español.

1) 10:20 ＿＿＿＿＿

2) 3:15 ＿＿＿＿＿

3) 1:30 ＿＿＿＿＿

4) 5:55 ＿＿＿＿＿

5) 11:50 ＿＿＿＿＿

6) 8:45 ＿＿＿＿＿

チェック 3   指示された時刻を答えましょう。 Contesta a las preguntas.

1) ¿A qué hora desayunas?   (8:00)   ＿＿＿＿＿

2) ¿A qué hora come usted?   (12:30)   ＿＿＿＿＿

3) ¿A qué hora cenáis?   (7:15)   ＿＿＿＿＿

4) ¿A qué hora llegan tus amigos? (10:40)   ＿＿＿＿＿

5) ¿A qué hora abren las tiendas? (9:30)   ＿＿＿＿＿

Diálogo ◀042

Victoria: ¿Dónde vives en Japón, Kenta?

Kenta: Vivo en un barrio moderno, no muy lejos de la estación de Yokohama con mi familia. Cerca de la estación hay muchos edificios altos, tiendas y restaurantes. A veces como con mi familia en uno de ellos.

Victoria: ¿Hay parada de autobús cerca de tu casa?

Kenta: Sí, hay una parada. También hay una biblioteca, una escuela primaria y un parque, pero no hay hospital ni supermercado.

Práctica 1 例にならって、時刻を答えましょう。Mira las imágenes y contesta a las preguntas.

例 ¿A qué hora termina la clase?　1) ¿A qué hora llega el tren?　　2) ¿A qué hora coméis?

Termina a las dos y media.

3) ¿A qué hora pasean tus abuelos?　4) ¿Qué hora es?

Práctica 2 次の文章を読みましょう。Lee. ◀043

　　Yo vivo en un barrio tranquilo y moderno. Mi barrio está en las afueras de la ciudad y hay muchas casas de dos pisos. Hay una estación de tren y cerca de la estación hay un hotel, una oficina de correos y muchos restaurantes. A veces yo como en uno de ellos. Mi barrio es famoso por su templo. Es muy grande y antiguo.

　　Mi casa está lejos de la estación. Cerca de mi casa hay una parada de autobús. Allí yo tomo el autobús. También hay un supermercado. Allí mi madre compra fruta y verdura. También hay una biblioteca y un parque. En la biblioteca mi padre lee libros y en el parque mis abuelos pasean. En mi barrio hay también una escuela primaria, pero no hay universidad, ni cine.

Práctica 3 Práctica 2 の文章を参考に、あなたが暮らす地域のことを書きましょう。Mira la Práctica 2 y escribe sobre tu barrio.

- -

- -

¡Fíjate! → p.78

1 動詞 ir El verbo *ir* ◀044

ir（行く）	
voy	vamos
vas	vais
va	van

A: ¿Cuándo vamos al cine? B: Vamos el sábado.

El domingo voy de compras con mi amiga.

2 主な前置詞 Las preposiciones ◀045

a	「～へ・まで」「～時に」	Voy a la universidad. El avión llega a las nueve y media.
	「（人）に」「（人）を」	Escribo esta carta a mis abuelos. Espero a mi amigo aquí.
		♦ 直接目的語が人のときその前に前置詞 a をつける。*cf.* Espero un taxi.
de	「～の」	Los padres de mi amigo viven en China. Soy de Argentina.
	「～から」	Trabajo de 10 a 6. El partido termina a las 11 de la noche.
en	「～の上・中に」	Tus gafas están en la mesa. Hay muchos libros en la habitación.
	「（乗り物）で」「（時期）に」	Voy en coche. Estudio inglés en Inglaterra en verano.
con	「～と一緒に」	Vivimos con un perro y un gato.
por	「（場所）を」	Viajo por Hispanoamérica en las vacaciones de verano.
	「～の間」	Trabajo en un bar por la noche. ♦ por la mañana, por la tarde
para	「～のために」	Mi hermano mayor estudia para ser médico.

3 疑問詞（1） Los interrogativos (1) ◀046

qué	A: ¿Qué escribes?	B: Escribo una carta.
qué + 名詞	A: ¿Qué idiomas habla tu padre?	B: Habla inglés, italiano y francés.
dónde	A: ¿Dónde aprendes la guitarra?	B: Aprendo la guitarra en una academia.
quién, quiénes	A: ¿Quién es aquella chica?	B: Es Ana, una compañera de mi clase.
	A: ¿Quiénes son esos niños?	B: Son los hijos de Marta.
cómo	A: ¿Cómo es tu madre?	B: Es muy alegre.
cuándo	A: ¿Cuándo es tu cumpleaños?	B: Es el tres de julio.
cuánto(s), cuánta(s)	A: ¿Cuánto es un café?	B: Son dos euros.
	A: ¿Cuántos años tienes?	B: Tengo veinte años.
	A: ¿Cuántas horas trabaja usted por la noche? B: Trabajo tres horas.	

チェック 1 動詞 ir を正しい形にして入れましょう。 Escribe la forma correcta del verbo *ir*.

1) Mi padre no _____ a la oficina hoy.　　2) Mis tíos _____ de vacaciones a Europa.

3) A: ¿Cómo _____ (tú) al cine? B: _____ en tren.　4) A: ¿A dónde _____ (vosotros)? B: _____ al trabajo.

チェック 2 （　）内に前置詞を入れ、和訳しましょう。 Escribe la preposición adecuada.

1) Hoy mi amiga (　　　) Kioto llega aquí, a Tokio.　　2) ¿ (　　　) quién estudias español?

3) Mis tíos trabajan mucho (　　　) vivir bien.　　4) Tomo un café (　　　) la mañana.

5) Mi hermano viaja (　　　) todo Japón (　　　) tren.　6) Mañana visito (　　　) mis primos.

Comunicación 5A

Diálogo (en la cafetería) ◀047

Eva:	Federico, ¿cómo vas a la universidad?
Federico:	Normalmente voy en metro.
Eva:	¿Y al trabajo?
Federico:	Voy en autobús. Es que* trabajo cerca de casa.
Eva:	¿Dónde trabajas?
Federico:	Trabajo en un bar, de camarero.
Eva:	¿Cuántos días a la semana trabajas?
Federico:	Trabajo tres días a la semana.
Eva:	¿Es interesante el trabajo de camarero?
Federico:	Sí, porque practico español e inglés.

* es que ... …だからです

Práctica 1 枠内の表現を参考にして、下の質問に答えましょう。ペアの相手にも質問して、その答えも書きましょう。 Mira el recuadro y contesta a las preguntas y después pregunta a tu compañero.

una vez a la semana	dos veces a la semana	una vez al mes	una vez al año
en tren en coche en avión en autobús en bicicleta en moto en metro a pie			
con mi familia con mi padre/madre con mi hermano/a con mi amigo/a solo/a			

	Yo	Tu compañero/a
例 a. ¿Con qué frecuencia vas al cine?	Yo voy dos veces al mes.	Él/Ella va una vez al mes.
b. ¿Cómo vas?	Yo voy en metro.	Él/Ella va en tren.
c. ¿Con quién vas?	Yo voy con mi amigo.	Él/Ella va con su amiga.
1) a. ¿Con qué frecuencia vas de compras?		
b. ¿Cómo vas?		
c. ¿Con quién vas?		
2) a. ¿Con qué frecuencia vas de viaje?		
b. ¿Cómo vas?		
c. ¿Con quién vas?		

1 動詞 ver, hacer, poner, salir　Los verbos: *ver*, *hacer*, *poner*, *salir*　◀048

	ver（見る、会う）	**hacer**（する、作る）	**poner**（置く）	**salir**（出る、出かける）
yo	**veo**	ha**go**	pon**go**	sal**go**
tú	ves	haces	pones	sales
él, ella, usted	ve	hace	pone	sale
nosotros /-as	vemos	hacemos	ponemos	salimos
vosotros /-as	veis	hacéis	ponéis	salís
ellos, ellas, ustedes	ven	hacen	ponen	salen

A: ¿Veis la televisión por la mañana?　B: Sí, vemos la televisión por la mañana.　◀049

A: ¿Qué haces?　B: Navego por internet.　　A: ¿Dónde pongo tu libro?　B: Aquí, por favor.

A: ¿A qué hora salís del trabajo?　B: Salimos a las 9 de la noche.

2 曜日・日付の表現　Los días de la semana y los meses　◀050

lunes	martes	miércoles	jueves	viernes	sábado	domingo

A: ¿Qué día es hoy?　B: Hoy es miércoles.　　Veo a mis amigos los domingos.

enero	febrero	marzo	abril	mayo	junio
julio	agosto	septiembre	octubre	noviembre	diciembre

A: ¿A cuántos estamos hoy?　B: Estamos a 30 de junio.　　Salgo de España el 5 de mayo.

3 疑問詞（2）　Los interrogativos (2)　◀051

cuál, cuáles　A: ¿Cuál es tu dirección?　B: Calle Princesa, 29.

　　　　　　　A: ¿Cuáles son tus zapatos?　B: Son aquellos negros.

por qué　　　A: ¿Por qué no pones la tele?　B: Porque es muy aburrida.

チェック 1　動詞 ver, hacer, poner, salir のいずれかを正しい形にして入れ、和訳しましょう。Escribe la forma correcta del verbo *ver*, *hacer*, *poner* o *salir*.

1) A: ¿A qué hora _____ (tú) de casa todos los días?　B: _____ a las siete y media.

2) A: ¿_____ deporte?　　　　　　　　　　　　　B: No, ahora no tengo tiempo.

3) A: ¿Cuándo _____ (tú) a tu profesora?　　　　B: Mañana tengo clase con ella.

4) Cuando tomo café, no _____ azúcar.　　　　　　　　　◆ cuando 〜するとき

チェック 2　必要があれば冠詞をつけて、曜日・日付を下線部に書き入れ、和訳しましょう。Mira el japonés y escribe el día y el mes adecuado.

1) _____ mi madre visita a su hermana.　　　　　[日曜日に]

2) Ignacio aprende japonés _____.　　　　　　　[毎週火曜日と金曜日に]

3) El cumpleaños de mi novia es _____.　　　　　[5月14日]

4) Las clases terminan _____.　　　　　　　　　[2月10日に]

Diálogo *(en la cafetería)* ◀052

Eva:	Oye, Kenta, ¿qué días de la semana practicas la guitarra?
Kenta:	Practico la guitarra los lunes, miércoles y viernes.
Eva:	¿Es difícil la guitarra flamenca?
Kenta:	Sí, es difícil.
Eva:	¿No haces deporte?
Kenta:	Sí, a veces practico el fútbol con unos amigos.
Eva:	¿Sales de copas con los amigos?
Kenta:	No, no bebo alcohol.

Práctica 1 例にならって、尋ねる日にちを変えて、ペアで練習しましょう。Mira el calendario y sigue el modelo.

lunes	martes	miércoles	jueves	viernes	sábado	domingo
	1	2	3	4	5	6
7	8	9	10	11	12	13
14	15	16	17	18	19	20
21	22	23	24	25	26	27
28	29	30				

例 A: ¿Qué día de la semana es *el 10*? B: Es *jueves*.

Práctica 2 例にならって、Práctica 1 のカレンダーを見ながら、（毎週）何曜日に行なっているのか答えましょう。Mira el calendario y sigue el modelo.

例 ¿Qué días de la semana enseña inglés Alex? (2 y 4)　　*Enseña inglés los miércoles y viernes.*

　　¿Qué días de la semana practicas el piano? (7–12)　　*Practico el piano de lunes a sábado.*

1) ¿Qué días de la semana trabaja Victoria? (1 y 6)　　---------------------------------

2) ¿Qué días de la semana estudia español Kenta? (7–11)　　---------------------------------

3) ¿Qué días de la semana hacéis deporte? (3)　　---------------------------------

4) ¿Qué días de la semana sales con los amigos? (5)　　---------------------------------

Práctica 3 例にならって、誕生日を質問しあいましょう。Sigue el modelo y practica con tu compañero.

例 Roberto 28/5　A: ¿Cuándo es el cumpleaños de *Roberto*?　B: Es *el veintiocho de mayo*.

1) Federico 30/6　　　　2) Alex 11/9　　　　3) Cristina 13/10

4) Natalia 16/12　　　　5) Laura 1/3　　　　6) Adolfo 22/1

¡Fíjate! → p.79

1 直接目的格人称代名詞 Los pronombres personales en función de complemento directo ◀053

		単　数			複　数	
1人称		**me**	私を	**nos**	私たちを	
2人称		**te**	君を	**os**	君たちを	
3人称	男性	**lo**	彼を、あなたを、それを	**los**	彼らを、あなた方を、それらを	
	女性	**la**	彼女を、あなたを、それを	**las**	彼女たちを、あなた方を、それらを	

目的格人称代名詞は、活用している動詞の前に置きます。

A: ¿Nos esperas en la cafetería de enfrente?　　B: Sí, os espero allí.

A: ¿Por fin compras el diccionario electrónico?　　B: Sí, lo compro.

♦ 中性の lo「そのことを」：文全体や抽象的な事柄を指すときに用います。

♦ スペインでは、3人称が「人（男性）」の場合、lo/los の代わりに le/les を用いることがあります。

2 語幹母音変化動詞 Los verbos irregulares con cambio vocálico ◀054

e → ie 型		o → ue 型		e → i 型	
pensar（考える）		**poder**（できる）		**pedir**（頼む）	
p**ie**nso	pensamos	p**ue**do	podemos	p**i**do	pedimos
p**ie**nsas	pensáis	p**ue**des	podéis	p**i**des	pedís
p**ie**nsa	p**ie**nsan	p**ue**de	p**ue**den	p**i**de	p**i**den

cerrar, empezar, entender, preferir, querer

costar, dormir, llover, volver

repetir, servir

♦ jugar（遊ぶ、[スポーツ]をする）: j**ue**go, j**ue**gas, j**ue**ga, jugamos, jugáis, j**ue**gan

A: ¿En qué piensas?　　B: Pienso en mi próximo viaje a Europa. ◀055

A: ¿A qué hora cierra este museo?　　B: Cierra a las cinco.

A: ¿Quieres un poco de pan?　　B: Sí, por favor.

A: ¿Cuánto cuesta la camisa azul?　　B: Veinte euros.

A: ¿A qué hora vuelves hoy?　B: Vuelvo antes de cenar.　　Juego al tenis los domingos.

A: ¿Qué pides?　B: Una ensalada mixta.　　A: ¿Repito otra vez la frase?　B: Sí, por favor.

チェック 1 下線部を直接目的格人称代名詞に置き換えましょう。Sustituye las palabras subrayadas por el pronombre adecuado.

1) ¿Haces deporte los fines de semana?　　→ ....

2) Todos los martes mi hermana compra esta revista. → ....

チェック 2 （ ）内の動詞を直説法現在の正しい形にし、和訳しましょう。さらに ［ ］の主語に変えましょう。Conjuga correctamente los verbos.

1) María (querer) .... mucho a su madre.　　[Antonio y su hermana]

2) Mis hijos (dormir) .... unas 9 horas.　　[nosotros]

3) ¿(Pedir) .... ustedes postre?　　[vosotros]

Diálogo *(en una fiesta)*　　　　　　　　　　　　　　　　　　　　◀056

Susana:　　¡Hola, Alex! ¿Qué tal? Bienvenido a la fiesta.

Alex:　　　Hola, Susana. Estás muy guapa hoy. Aquí tienes una botella de cava.

Susana:　　Gracias. ¿Quieres un poco de jamón ibérico?

Alex:　　　Sí, gracias. ¡Qué bueno está!* Oye, ¿dónde lo compras?

Susana:　　Lo compro en una tienda cerca de aquí. ¿Qué tal un poco de paella?

Alex:　　　¡Está deliciosa! ¿Cómo la haces?

Susana:　　Con pollo y marisco.

　　　　　　　　　　　　　　　　* ¡Qué bueno está!　なんておいしんでしょう！

Práctica 1　例にならって、枠内の食べ物・飲み物を使って、ペアで質問と答えを作りましょう。Mira el recuadro y sigue el modelo.

dónde comprar :	~~jamón~~	queso	fruta	pan	vino	cerveza	
cómo hacer :	~~paella~~	gambas al ajillo	tortilla	sopa de ajo	filete de ternera	pastel de queso

例　A: ¿Quieres un poco de *jamón*?　　B: Sí, ¡qué *bueno* está! ¿Dónde *lo* compras?

　　A: ¿Quieres un poco de *paella*?　　B: Sí, ¡qué *buena* está! ¿Cómo *la* haces?

Práctica 2　例にならって、動詞 empezar, terminar, abrir, cerrar を使って、ペアで質問しあいましょう。Sigue el modelo. Usa los verbos *empezar, terminar, abrir* o *cerrar*.

例　A: ¿A qué hora *empieza la película*?　　B: *Empieza a las dos y media.*

　　A: ¿A qué hora *termina*?　　　　　　B: *Termina a las cinco menos cuarto.*

empezar / terminar	例 la película:	14:30 / 16:45	
	1) el fútbol:	20:15 / 22:00	
	2) el concierto:	17:00 / 19:40	
	3) las clases:	8:50 / 12:15	
abrir / cerrar	4) el museo:	8:30 / 20:00	
	5) el Palacio Real:	9:00 / 17:30	
	6) las tiendas:	10:00 / 20:30	
	7) el parque del Retiro:	7:00 / 21:00	

1 不定詞表現　Las perífrasis　◀057

1) ir a + 不定詞

「～するつもりだ」　Mañana por la mañana voy a jugar al fútbol con mis amigos.

「～しましょう！」　¡Vamos a cenar!

「～しましょうか？」　¿Vamos a bailar?

2) tener que + 不定詞「～しなければならない」

Tengo que volver a casa para cocinar antes de las seis.

3) pensar + 不定詞「～しようと考えている（～するつもりだ）」

A: ¿Qué piensas hacer en las vacaciones de verano?　B: Pienso viajar por Hokkaido.

4) querer + 不定詞

［願望］　Quiero probar la comida mexicana.

［勧誘］　A: ¿Quieres tomar una cerveza?　　B: Sí, gracias.

［依頼］　A: ¿Quieres abrir la ventana?　　B: Sí, con mucho gusto.

5) poder + 不定詞

［可能］　A: ¿Mañana puedes asistir a la fiesta?　B: No, lo siento. Estoy ocupado.

［許可］　¿Puedo ir al servicio?

［依頼］　A: ¿Puedes poner la mesa?　　B: Sí, claro.

2 目的格人称代名詞の位置　La posición de los pronombres personales　◀058

1) 目的格人称代名詞は、活用している動詞の前に置きます。（Gramática 6A 参照）

2) 不定詞が用いられる表現では、目的格人称代名詞を不定詞の後ろにつけることもできます。

Quiero comprar estos zapatos. → Los quiero comprar. = Quiero comprarlos.

A: ¿Vas a esperar a Pepa?　B: Sí, la voy a esperar. = Sí, voy a esperarla.

チェック 1　（　）内の動詞を直説法現在の正しい形にし、和訳しましょう。さらに［　］の主語に変えましょう。Conjuga correctamente los verbos.

1) ¿(Querer, tú) _____ tomar un poco de jamón?　　[usted]

2) Yo (tener) _____ que preparar la cena esta noche.　　[mis hermanas]

3) ¿(Poder, yo) _____ encender la luz?　　[nosotros]

4) ¿(Pensar) _____ tu padre comprar un coche nuevo?　　[ustedes]

チェック 2　例にならって、二通りの答えを作りましょう。Sigue el modelo y contesta usando el pronombre.

例 ¿Vas a visitar a tus abuelos?　　— *Sí, los voy a visitar.* / *Sí, voy a visitarlos.*

1) ¿Tienes que limpiar tu habitación?　— _____ / _____.

2) ¿Pensáis hacer deporte?　— _____ / _____.

3) ¿Puedes ayudarme?　— _____ / _____.

4) ¿Queréis aprender flamenco?　— _____ / _____.

5) ¿Vas a llevarnos al aeropuerto?　— _____ / _____.

Diálogo (en el restaurante) 🔊059

Camarera:	Buenas tardes. ¿Qué va a tomar?
Kenta:	Buenas tardes. De primero voy a tomar ensalada mixta.
Camarera:	Muy bien. ¿Y de segundo?
Kenta:	De segundo quiero filete de ternera.
Camarera:	¿Y para beber?
Kenta:	Agua mineral, por favor.
Camarera:	Ahora mismo.
	....
Camarera:	¿Va a tomar postre?
Kenta:	Sí, natillas y un café con leche.
	....
Kenta:	Camarera, la cuenta por favor.
Camarera:	Sí. Aquí la tiene, señor.

RESTAURANTE LA COLINA

PRIMER PLATO
- ensalada mixta
- jamón
- sopa de ajo

SEGUNDO PLATO
- filete de ternera
- pollo con tomate
- pescado a la plancha

BEBIDAS

vino   cerveza   agua mineral

café   café con leche

POSTRE

natillas   pastel de queso   fruta

Práctica 1 上の会話の波線部の食べ物・飲み物を、メニューを見ながら入れ替えて、ペアで練習しましょう。Utiliza el diálogo y practica con tu compañero.

Práctica 2 例にならって、枠内の表現を使って文を完成させましょう。Mira el recuadro y sigue el modelo.

> **Tener que** + ~~cocinar~~ / hacer un examen difícil / preparar la cena / salir de casa a las 5 de la mañana
>
> **Querer** + ~~estudiar español en España~~ / comprar una casa / viajar al extranjero / adelgazar 5 kilos

例 Ella _va a_ volver a casa pronto porque _tiene que cocinar_ .

Ellos _van a_ ahorrar mucho porque _quieren estudiar español en España_ .

1) Nosotros _____ estudiar mucho porque _____ .
2) Ellos _____ sacar el pasaporte porque _____ .
3) Juan _____ trabajar mucho porque _____ .
4) Yo _____ hacer la compra porque _____ .
5) Vosotros _____ ir a la cama pronto porque _____ .
6) Mi hermana _____ hacer deporte porque _____ .

¡Fíjate! → p.80

1 間接目的格人称代名詞 Los pronombres personales en función de complemento indirecto ◀060

	単　数		複　数
1人称	**me** 私に	**nos**	私たちに
2人称	**te** 君に	**os**	君たちに
3人称	**le** 彼に、彼女に、あなたに	**les**	彼らに、彼女たちに、あなた方に

1) 活用している動詞の前に置きます。

Le voy a regalar una corbata a mi padre para su cumpleaños.

¿Te enseño las fotos de mi viaje a Europa?　　¿Me prestas tu maleta?

2) 「間接目的格」と「直接目的格」を用いる場合は、「間接」+「直接」の順になります。

Mi madre a menudo me escribe cartas. → Mi madre a menudo me las escribe.

3) 「間接目的格」と「直接目的格」が3人称の場合は、「間接」の le/les は se に変わります。

Yo le regalo flores a mi novia. → Se las regalo.

4) 不定詞が用いられる表現では、目的格人称代名詞を不定詞の後ろにつけることもできます。

A: ¿Me vas a enviar las fotos? = ¿Vas a enviar<u>me</u> las fotos?

B: Sí, te las voy a enviar.　　 = Sí, voy a envi<u>á</u>r<u>telas</u>.　　　♦ アクセント符号に注意しましょう。

2 動詞 dar, decir, traer Los verbos: *dar, decir, traer* ◀061

dar （与える）		**decir** （言う）		**traer** （持ってくる、連れてくる）	
doy	damos	**digo**	decimos	**traigo**	traemos
das	dais	dices	decís	traes	traéis
da	dan	dice	dicen	trae	traen

¿Me das tu número de teléfono?　　Mi abuelo da un paseo todas las mañanas.　◀062

¿Por qué me lo dices?　　　　　 Carmen me dice que está muy ocupada.　♦ que は接続詞

Mañana te traigo unas fotos de mi viaje.

Todos los estudiantes traen el diccionario a clase.

チェック 1 　（　）内に適切な目的格人称代名詞を入れましょう。Contesta usando el pronombre.

1) A: ¿Me enseñas español?　　　　　　B: Sí, (　　　) (　　　) enseño con mucho gusto.

2) A: ¿A quién enviáis este paquete?　　 B: (　　　) (　　　) enviamos a nuestro hijo.

3) A: ¿ (　　　) prestas la goma?　　　　B: Aquí (　　　) tienes.

4) A: ¿Qué (　　　) vas a regalar a tu novio?　B: (　　　) voy a regalar una corbata.

チェック 2 　（　）内の動詞を直説法現在の正しい形にし、和訳しましょう。さらに［　］の主語に変えましょう。Conjuga correctamente los verbos.

1) Yo te (decir) _____ la verdad.　　　　　　　　　　[nosotros]

2) ¿Me (dar) _____ ustedes permiso para hacer una llamada?　[usted]

3) Todos los días nosotros (dar) _____ un paseo por el parque.　[yo]

4) ¿Me (traer) _____ usted un vaso de agua?　　　　　　[tú]

Diálogo *(en la cafetería)*   ◀063

Federico: Victoria, quiero ir al cine. ¿Qué película me recomiendas?

Victoria: Te recomiendo una película de aventuras.

Federico: ¿Vamos juntos el sábado?

Victoria: Lo siento, no puedo. Tengo que trabajar.

Federico: Entonces, el domingo, ¿qué tal?

Victoria: Vale. ¿Dónde quedamos?

Federico: En la estación de Serrano, salida 3A, a las tres de la tarde.

Victoria: Perfecto. Entonces, ¡hasta el domingo!

Práctica 1 例にならって、借りたいものを変えながら、ペアで練習しましょう。Sigue el modelo y practica con tu compañero.

| el libro de texto   el diccionario   la bicicleta   el paraguas   las tijeras |

例 A: ¿Me prestas *el libro de texto*?   B: Sí, aquí *lo* tienes. / No, lo siento, *lo* necesito yo ahora.

Práctica 2 波線部は枠内の表現を使い、また下線部は自由に変えて、ペアで会話練習をしましょう。
Mira el recuadro y practica con tu compañero el diálogo.

| ir de compras   ir al cine   cenar fuera   salir de copas |

A: ¿Vamos de compras el domingo?   B: Vale. ¿Dónde quedamos?

A: En la estación de Serrano, salida 3A.   B: ¿A qué hora?

A: A las tres de la tarde.   B: Perfecto. ¡Hasta el domingo!

Práctica 3 次の質問に、直接・間接目的格代名詞を使って答えましょう。Sigue el modelo.

例 ¿Me enseñas las fotos?   —Sí, *te las enseño.*

1) ¿Me dices la verdad?   —Sí, ...

2) ¿Me enseñas español?   —Sí, ...

3) ¿Le regalas flores a tu madre?   —Sí, ...

4) ¿Les escribes mensajes a tus abuelos?   —Sí, ...

5) ¿Les das las gracias a tus padres?   —Sí, ...

1 動詞 oír, venir, saber, conocer　Los verbos: *oír, venir, saber, conocer*　◀064

oír（聞く、聞こえる）		**venir**（来る）		**conocer**（知っている）		**saber**（知っている）	
oi**go**	oímos	ven**go**	venimos	cono**zco**	conocemos	**sé**	sabemos
o**y**es	oís	v**ie**nes	venís	conoces	conocéis	sabes	sabéis
o**y**e	o**y**en	v**ie**ne	v**ie**nen	conoce	conocen	sabe	saben

A: ¿Me oyes?　B: No, no te oigo bien.　　A: ¿Cómo vienes a la universidad?　B: Vengo en tren.

A: ¿De dónde venís?　B: Venimos del trabajo.　　　　　　　　　　　　　◀065

saber と conocer　　saber「（知識・情報として）知っている」　conocer「（体験として）知っている」

A: ¿Sabes mi teléfono?　　　　　　　　　B: Sí, lo sé.

A: ¿Sabéis a qué hora es la reunión?　　B: No, no lo sabemos.

A: ¿Conoces a mi hermana mayor?　　　B: Sí, la conozco de la universidad.

A: ¿Conocéis México?　　　　　　　　　　B: No, no lo conocemos todavía.

saber + 不定詞と poder + 不定詞

saber + 不定詞「～することができる（能力がある）」

A: ¿Sabes cocinar?　B: No, no sé.　　Mi padre sabe hablar español muy bien.

poder + 不定詞「～することができる（可能である）」

Sé nadar pero hoy no puedo porque estoy resfriado.　　¿Puedes venir mañana a la fiesta?

2 天候表現　El tiempo　◀066

1) hacer を用いた天候表現

A: ¿Qué tiempo hace hoy?　B: Hace <u>buen</u> tiempo.　/　Hace muy <u>mal</u> tiempo.

♦ bueno, malo は男性単数名詞の前で buen, mal になります。

Hace mucho calor.　/　Hace frío.　/　Hace sol.　/　Hace un poco de viento.

2) その他の天候表現　　　　　　　　　　　　　　　♦ llover (o → ue)　nevar (e → ie)

En el oeste <u>llueve</u> mucho en esta época.　　En el norte <u>nieva</u> mucho en invierno.

チェック 1 　（ ）内の動詞を直説法現在の正しい形にし、和訳しましょう。さらに［ ］の主語に変えましょう。Conjuga correctamente los verbos.

1) Mi amigo (oír) _____ la música en el tren.　　　　[yo]

2) ¿(Saber, tú) _____ de dónde es Marta?　　　　[ustedes]

3) Yo (conocer) _____ a los padres de Ignacio.　　　　[nosotros]

4) ¿Cuándo (venir) _____ tus amigos peruanos a Japón?　　　　[tú]

チェック 2 　（ ）内には名詞か形容詞を、下線部には動詞を入れて、文を完成させましょう。Completa las frases con el verbo, el sustantivo y el adjetivo adecuados.

1) Hoy _____（　　　　　）, pero _____ mucho（　　　　　）.　　今日は晴れますが、風が強いです。

2) Aquí _____（　　　　　）y _____ mucho en invierno.　　ここは冬は寒く雪がたくさん降ります。

3) En el sur _____ y _____ mucho（　　　　　）en verano.　　南部では夏は雨が降りとても暑いです。

4) Hoy va a _____ muy（　　　　）（　　　　）.　　今日は良い天気になるでしょう。

Diálogo *(en una tienda)* ◀067

Dependienta:	Buenas tardes.
Kenta:	Buenas tardes. ¿Puede enseñarme la camisa azul del escaparate?
Dependienta:	Sí, claro. ¿Qué talla usa?
Kenta:	La talla M.
Dependienta:	Un momento, por favor.
Kenta:	¿Puedo probármela?
Dependienta:	Sí, claro. El probador está al fondo a la derecha.
Kenta:	Gracias.
Dependienta:	¿Qué tal le queda?
Kenta:	Me queda muy bien. ¿Cuánto cuesta?
Dependienta:	58 euros.
Kenta:	Me la llevo. ¿Puedo pagar con tarjeta?
Dependienta:	Sí, en caja, por favor.

Práctica 1 例にならって、ペアで会話練習をしましょう。 Sigue el modelo.

azul 70 €   negro 60 €   verde 85 €   rojo 36 €   amarillo 52 €   gris 99 €

例 A: ¿Puede enseñarme *los pantalones azules*?   B: Sí, claro. ¿Qué talla usa?

A: La *S / M / L*. ¿Puedo probárme*los*?   B: Sí, el probador está al fondo.

A: ¿Cuánto *cuestan*?   B: *70* euros.

A: Me *los* llevo.

Práctica 2 絵にあった天候表現を、枠内から選んで入れましょう。 Mira el recuadro y escribe debajo de cada imagen el tiempo que hace.

~~hace frío~~	hace buen tiempo	hace calor	hace viento	hay humedad	llueve	nieva

例 *Hace frío.*   1) _____   2) _____   3) _____   4) _____   5) _____   6) _____

¡Fíjate! → p.81

1 再帰動詞　Los verbos reflexivos ◀068

再帰動詞とは、「自分自身」を意味する再帰代名詞（me, te, se, nos, os, se）を常に伴う動詞で、再帰代名詞は主語と同一の人・物を指し、通常活用している動詞の前に置かれます。

levantarse （起きる）	
me levanto	**nos** levantamos
te levantas	**os** levantáis
se levanta	**se** levantan

Mi madre se levanta a las seis.　*cf.* Mi madre me levanta a las siete.

1) 「自分自身を〜する」： acostarse　bañarse　casarse　ducharse　levantarse　llamarse　sentarse

A: ¿A qué hora te acuestas normalmente?　　B: Me acuesto a las doce más o menos.

A: ¿Cómo te llamas?　　B: Me llamo Marina.

A: ¿Os ducháis por la mañana?　　B: No, nos bañamos por la noche.

2) 「自分自身に〜を〜する」： lavarse　quitarse　ponerse

A: ¿Por qué no te pones el abrigo?　　B: Es que no tengo frío.

Antonio se lava las manos muchas veces al día.

A: ¿En Japón os quitáis los zapatos al entrar en casa?　　♦ al + 不定詞「〜する時」

B: Sí, nos los quitamos. Es una costumbre japonesa.

3) 再帰代名詞の位置：通常、活用している動詞の前に置かれますが、不定詞が用いられる表現ではその後ろにつけて一語とすることもできます。

A: ¿Cuándo te vas a casar?　　= ¿Cuándo vas a casarte?

B: Me voy a casar el próximo mes.　= Voy a casarme el próximo mes.

チェック 1 　（　）内の再帰動詞を直説法現在の正しい形にし、和訳しましょう。さらに［　］の主語に変えましょう。Conjuga correctamente los verbos.

1) ¿(Sentarse, nosotros) _____ al lado de la ventana?　　　　[vosotros]

2) Yo (levantarse) _____ muy temprano.　　　　[mis hermanas]

3) ¿Cómo (llamarse) _____ usted?　　　　[vosotros]

4) Mi hija (ducharse) _____ antes de desayunar.　　　　[nosotros]

5) ¿(Acostarse, vosotros) _____ tarde normalmente?　　　　[tú]

チェック 2 　（　）内の再帰代名詞を正しい形にし、和訳しましょう。さらに動詞の活用にも注意して、［　］の主語に変えましょう。Completa correctamente.

1) ¿Dónde vas a (sentarse) _____ ?　　　　[vosotros]

2) Tengo que (levantarse) _____ temprano.　　　　[nosotros]

3) ¿Pensáis (casarse) _____ el próximo año?　　　　[Uds.]

4) ¿Quiere (bañarse) _____ Ud. antes de cenar?　　　　[vosotros]

5) Tenemos que (ponerse) _____ la chaqueta.　　　　[Ud.]

6) Prefiero (ducharse) _____ antes de (acostarse) _____ .　　　　[nosotros]

Diálogo *(en la cafetería)*

Eva: Oye, Kenta, ¿a qué hora te levantas?

Kenta: Bueno, me levanto a las 8 de la mañana.

Eva: ¿Desayunas?

Kenta: Sí, desayuno un café con leche y una tostada.

Eva: ¿Qué haces después?

Kenta: Por la mañana tengo dos clases y luego vuelvo a casa a comer. Normalmente como a las 2:30. Por la tarde tengo dos clases.

Eva: ¿Qué haces después de las clases?

Kenta: Mis compañeros y yo normalmente vamos a una cafetería y practicamos español hasta muy tarde. Vuelvo a casa, me ducho, me lavo los dientes y me acuesto a las 12:30 de la noche.

Práctica 1 エレナの生活を読んでみましょう。Lee lo que hace Elena. ◀070

Elena se levanta a las 7:30. Primero se ducha y desayuna. Después se lava los dientes y se maquilla. Sale de casa a las 8:00. De lunes a viernes tiene clases de 9:00 a 6:00 de la tarde. Come en la universidad. Después de las clases vuelve a casa y cena sola. Una vez a la semana, el martes, va al gimnasio. Dos días a la semana, los lunes y jueves, trabaja como guía en una agencia de viajes. Los sábados se levanta muy tarde. Por la tarde juega al tenis con sus amigos y cena fuera con ellos. Por último se acuesta a la 1:00.

Práctica 2 Práctica 1 の文章について、質問に答えましょう。Ahora contesta a las preguntas sobre la vida de Elena.

1) ¿A qué hora se levanta Elena?

2) ¿A qué hora tiene clases de lunes a viernes?

3) ¿Qué hace Elena después de las clases?

4) ¿Cuándo y dónde trabaja?

5) ¿Qué hace los sábados?

Práctica 3 Práctica 1 の文章を参考に、あなたの一週間の生活について書きましょう。Escribe lo que haces tú durante toda la semana.

1 再帰動詞 その他の用法 Usos de los verbos reflexivos ◀071

1) 相互：「～し合う」の意味を表します。主語は複数。

   A: ¿Os escribís tú y tus abuelos? **B:** Sí, nos escribimos a veces.

   Mi amigo y yo nos ayudamos mutuamente en el estudio.   Nos vemos la próxima semana.

2) 強意・転意： irse dormirse morirse

   A: ¿Ya te vas? **B:** Sí, ya me voy.

   Mi madre se duerme en las películas.   Me muero de hambre.

3) 受身：主語は事物。

   ¿Se venden estos coches?   En esta oficina se hablan varias lenguas.

4) 無人称：「（一般的に人は）～する」の意味を表します。3人称単数で用いられ、主語を特定しない表現。

   A: ¿Cuánto tiempo se tarda de Tokio a Osaka en tren? **B:** Se tarda dos horas y media.

   A: ¿Cómo se dice "arigato" en español?   **B:** Se dice "gracias".

♦「3人称複数の無人称」もあります。 Dicen que la comida mediterránea es muy buena para la salud.

2 義務の表現 Las expresiones de obligación ◀072

1) tener que + 不定詞「～しなければならない」・no tener que + 不定詞「～しなくともよい、する必要はない」

   A: ¿Tienes que cocinar? **B:** Sí, es que mis padres van a volver muy tarde hoy.

2) hay que + 不定詞「（一般的に人は）～しなければならない」：無人称表現

   Antes de decidir hay que pensarlo mucho.

3) deber + 不定詞「～すべきである」・no deber + 不定詞「～すべきでない」

   Debéis tener cuidado al cruzar la calle.   No debes comer demasiado.

チェック 1　（　）内の再帰動詞を正しい形にし、和訳しましょう。さらに［　］の主語に変えましょう。
Conjuga correctamente los verbos.

1) ¿Ana y su marido (quererse) ＿＿＿＿＿＿＿＿＿ mucho?   [tú y tu marido]

2) Nosotros (ayudarse) ＿＿＿＿＿＿＿＿＿ mutuamente.   [mis compañeros]

3) El niño (morirse) ＿＿＿＿＿＿＿＿＿ de hambre.   [nosotros]

4) ¿Cuántas veces (verse) ＿＿＿＿＿＿＿＿＿ Uds. a la semana?   [vosotros]

5) ¿Ya (irse, vosotros) ＿＿＿＿＿＿＿＿＿ ?   [usted]

6) Mis hijos (dormirse) ＿＿＿＿＿＿＿＿＿ enseguida.   [yo]

7) Desde Madrid hasta Barcelona (tardarse) ＿＿＿＿＿＿＿＿＿ una hora en avión.

チェック 2　動詞 tener, haber, deber のいずれかを正しい形にして入れ、和訳しましょう。Escribe la forma correcta del verbo *tener*, *haber* o *deber*.

1) (　　　　　) que respetar los semáforos.

2) Tú (　　　　　) hacer deporte.

3) Nosotros no (　　　　　) que trabajar mañana.

4) Vosotros no (　　　　　) hablar mal de los demás.

Diálogo ◀073

Kenta: Susana, mañana llega mi hermana con una amiga para pasar unos días en España. ¿Cómo se va al aeropuerto de Barajas?

Susana: Bien, lo mejor es tomar la Línea de metro 8. Con esta Línea se va directo. En el aeropuerto hay dos paradas. A la primera, Terminal 1, se tarda 14 minutos y a la segunda, Terminal 4, se tarda 18 minutos.

Kenta: Entonces, es muy fácil ir, ¿no? ¡Muchas gracias, Susana!

Práctica 1 例にならって、ペアで会話練習をしましょう。 Sigue el modelo y practica con tu compañero.

例 A: ¿Se puede ir *en tren* de Madrid *a Barcelona*? B: Sí, se puede ir.

A: ¿Cuánto tiempo se tarda? B: Se tarda *2 horas y 30 minutos*.

A: ¿Cuánto cuesta el billete? B: Cuesta *50 euros*.

de Madrid	tren		avión		autobús	
	horas	precio	horas	precio	horas	precio
Barcelona	2 horas y 30 m.	50 €	1 hora y 20 m.	90 €	8 horas	25 €
Bilbao	5 horas	40 €	1 hora	60 €	5 horas	30 €
Sevilla	2 horas y 30 m.	60 €	1 hora	40 €	5 horas	23 €
Valencia	2 hora	50 €	1 hora	42 €	4 horas	30 €
Segovia	30 minutos	35 €	—	—	1 hora y 20 m.	23 €

Práctica 2 例にならって、枠内の表現を使ってアドバイスをしましょう。 Mira el recuadro y sigue el modelo.

Deber + ~~ir a un masajista~~ ir al dentista ir al médico ir a un spa

例 Tengo dolor de espalda. → *Debes ir a un masajista.*

1) Tengo fiebre y tengo dolor de cabeza. → _____

2) Mi hija tiene dolor de muelas. → _____

3) Estamos muy cansadas. → _____

¡Fíjate! → p.82

1 前置詞格人称代名詞　Los pronombres con preposición ◀074

前置詞（a, de, en 等）の後ろに置かれる人称代名詞で、
1人称単数と2人称単数以外は、主格人称代名詞と同じです。
ただし、con + mí は conmigo に、con + ti は contigo になります。

	単　数	複　数
1人称	**mí**	nosotros /-as
2人称	**ti**	vosotros /-as
3人称	él, ella, usted	ellos, ellas, ustedes

¿Podemos ir con vosotros?

A: Este regalo es para ti.　　　　B: ¿Para mí? Muchas gracias.

María me dice que quiere hablar contigo.

A: ¿Puedes ir al hospital conmigo?　　B: Sí, con mucho gusto.

2 動詞 gustar　El verbo *gustar* ◀075

gustar は「…に好まれる」という意味の動詞で、常に間接目的格人称代名詞を伴います。文法上の主語は
gustar 動詞の後ろに置かれ、gustar はその主語に合わせて活用します。

	間接目的格人称代名詞	gustar	主語
(a **mí**)	me		la música
(a **ti**)	te	gusta	cantar y bailar
(a él, a ella, a Ud.)	le		
(a nosotros /-as)	nos		los deportes
(a vosotros /-as)	os	gustan	los animales
(a ellos, a ellas, a Uds.)	les		

Me gusta el español.　　　　　　A mi hermano no le gusta leer.

A: ¿Te gustan los perros?　　　　B: Sí, y también me gustan los gatos.

A: Me gusta mucho la música clásica, ¿y a ti?　B: A mí también. / A mí no.

A: No me gustan los deportes, ¿y a ti?　B: A mí tampoco. / A mí sí.

チェック 1　[　] 内には適切な人称代名詞を、下線部には前置詞と人称代名詞を入れて、文を完成させ
和訳しましょう。Completa las frases con el pronombre preposicional.

1) A: ¿De quién habláis?　　　　　　B: Hablamos de [　　　]．（君）

2) A: Esto es para [　　　]．（あなた）　B: ¿Para [　　　]? Gracias.

3) A [　　　] te traigo un bolso muy bonito de España.

4) A: ¿Vienes _____?（私と一緒に）　B: Sí, claro. Voy _____．（君と一緒に）

チェック 2　[　] 内には適切な人称代名詞を、下線部には動詞 gustar を正しい形にして入れ、文を完成
させ和訳しましょう。Completa las frases con el pronombre y la forma correcta del verbo *gustar*.

1) A: ¿A [　　　] te _____ las hamburguesas?　B: Sí, [　　　] _____ .

2) A: ¿[　　　] _____ el béisbol?　B: No, no nos _____ mucho.

3) A: ¿A tus padres [　　　] _____ viajar?　B: Sí, [　　　] _____ mucho.

Diálogo *(en la cafetería)* ◀076

Eva:	A mí me gustan mucho las películas románticas, ¿y a ti?
Alex:	A mí no me gustan mucho. Prefiero las de aventuras, pero en realidad voy poco al cine. Prefiero hacer deporte. Me gusta mucho el fútbol.
Eva:	Pues, a mí no me gustan los deportes. Son muy aburridos.
Alex:	Eva, veo que tenemos gustos diferentes.

Práctica 1 例にならって、枠内の事柄が好きかどうか、ペアで質問しあいましょう。Sigue el modelo y practica con tu compañero.

例 A: ¿Te gusta *el cine*? B: *Sí, me gusta. / No, no me gusta.*

el cine los gatos leer estudiar inglés las ciudades grandes

Práctica 2 例にならって、ペアで好みを質問しあい、あてはまる箇所に✓を書き入れましょう。Sigue el modelo y practica con tu compañero.

例 A: ¿Te gusta *viajar*? B: *Sí, me gusta mucho.*

	me gusta/n mucho		me gusta/n		no me gusta/n mucho		no me gusta/n nada	
	yo	tú	yo	tú	yo	tú	yo	tú
viajar								
los animales								
la ópera								
el campo								
los deportes								
cantar								

Práctica 3 例にならって、ペアの相手の好みを聞きましょう。Sigue el modelo y practica con tu compañero.

el melón los perros los tomates bailar pasear la música clásica

例 A: *¿Te gusta el melón?* B: *Sí, a mí me gusta el melón. ¿Y a ti?*

A: *A mí también me gusta. / A mí no me gusta.*

A: *¿Te gustan los tomates?* B: *No, a mí no me gustan los tomates. ¿Y a ti?*

A: *A mí tampoco me gustan. / Sí, a mí me gustan.*

1 gustar 型動詞　Otros verbos del grupo de *gustar* ◀077

encantar, interesar, parecer, doler など、gustar と同じように、常に間接目的格人称代名詞を伴って用いられる動詞があります。

encantar:	Me encanta el fútbol.	
interesar:	A mi hermano le interesa la cultura latinoamericana.	
parecer:	A: ¿Qué te parecen estos cuadros?	B: Me parecen muy interesantes.
doler:	A: ¿Qué te duele?	B: Me duele la cabeza.
apetecer:	A: ¿Te apetece tomar un café?	B: Sí, voy a tomar un café con leche.

2 所有形容詞後置形　Los adjetivos posesivos tónicos ◀078

	単　数	複　数
1人称	mío	nuestro
2人称	tuyo	vuestro
3人称	suyo	suyo

（参考　所有形容詞前置形）

	単　数	複　数
1人称	mi	nuestro
2人称	tu	vuestro
3人称	su	su

1) 名詞 + 後置形：所有形容詞後置形は前の名詞の性・数に合わせます。

Un amigo mío trabaja en la embajada.

2) ser + 後置形：所有形容詞後置形は主語の性・数に合わせます。

A: ¿Es tuya esta moto?　　　B: No, no es mía. Es de mi padre.

A: ¿De quién son estos zapatos?　　B: Son suyos, de María.

3) 定冠詞 + 後置形 = 所有代名詞

A: ¿Esta bicicleta es tuya?　　B: No, no es mía. La mía está ahí.

チェック 1　[　]内には適切な代名詞を、下線部には動詞を正しい形にして入れ、文を完成させ和訳しましょう。Completa las frases con el pronombre y la forma correcta de los verbos.

1) A: ¿Te (interesar) ＿＿＿＿＿ el teatro?　　　B: No, no [　　] ＿＿＿＿＿ mucho.

2) A: ¿Qué le pasa a usted?　　　　B: [　　] (doler) ＿＿＿＿＿ el estómago.

3) A: ¿A tus hermanos [　　] gustan los churros?　B: Sí, [　　] (encantar) ＿＿＿＿＿.

4) A: ¿Qué te (parecer) ＿＿＿＿＿ comer en aquel restaurante?　B: Ah, buena idea.

チェック 2　（　）内には適切な所有形容詞を、下線部には所有代名詞（定冠詞 + 所有形容詞後置形）を正しい形にして入れ、文を完成させ和訳しましょう。Completa las frases con los adjetivos y los pronombres posesivos.

1) Unos amigos (　　　　　) viven en Madrid.　　　　　　　　　[彼女の]

2) (　　　　　) maleta está aquí, pero ¿dónde está ＿＿＿＿＿?　　[君の、私の]

3) (　　　　　) habitación es pequeña. ¿Cómo es ＿＿＿＿＿?　　[私たちの、君たちの]

4) A: ¿De quién es esta bicicleta?　B: Es (　　　　　), de mi hermano.　[彼の]

Diálogo ◀079

Federico: ¿Te apetece ir al Museo del Prado conmigo?

Victoria: Sí, con mucho gusto. Aunque yo no entiendo mucho de pintura.

Federico: A mí me encanta la pintura. Especialmente me interesan mucho los pintores españoles, Velázquez y Murillo. Su pintura me parece maravillosa.

Victoria: Veo que te interesa mucho la cultura española.

Federico: Sí, especialmente la del Siglo de Oro español.

Victoria: A mí también me parece muy interesante la historia de España.

Práctica 1 例にならって、ペアの相手の興味を聞きましょう。 Sigue el modelo y practica con tu compañero.

例 A: ¿Te interesa *la política*?   B: *No, no me interesa nada*. Me parece *aburrida*.

Alumno A   Alumno B

la política	Sí, me interesa/n.	Me parece/n	relajante
el arte	No, no me interesa/n mucho.		aburrido/a
las películas románticas	No, no me interesa/n nada.		interesante
la literatura de aventura			maravilloso/a
leer			emocionante
estudiar			estresante
ver la televisión			pesado/a
los videojuegos			divertido/a

Práctica 2 例にならって、どこがどのくらいの頻度で痛むのか聞きましょう。 Sigue el modelo y practica con tu compañero.

| las rodillas <br> la espalda <br> los ojos <br> la cabeza <br> el estómago | frecuentemente <br> a veces <br> casi nunca <br> nunca |

例 A: ¿Con qué frecuencia *te duelen las rodillas*?   B: *Nunca me duelen las rodillas.*
= *No me duelen nunca las rodillas.*

¡Fíjate! → p.83

1 比較級 La comparación ◀080

1) 比較級

優等比較： más ＋ 形容詞・副詞 ＋ que	Yo soy más alto que mi hermano.
劣等比較： menos ＋ 形容詞・副詞 ＋ que	Estos zapatos son menos caros que esos.
同等比較： tan ＋ 形容詞・副詞 ＋ como	Yo me levanto tan temprano como mis abuelos.

2) 不規則な比較級

bueno, bien → mejor		malo, mal → peor	
grande	→ mayor	pequeño	→ menor
mucho	→ más	poco	→ menos

Cantas mejor que yo.

Este ordenador es peor que ese.

Tenéis más libros que yo.

Yo como menos que mi hermana.

mayor(es), menor(es) は「年上の」「年下の」の意味で用いられます。

Soy mayor que Pedro.　　　　　Pedro es menor que yo.

◆ 参考：具体的な物の大小を示す場合には、規則形を用います。Tu casa es más grande que la mía.

mucho の同等比較（tan ＋ mucho）は tanto になり、形容詞の tanto は性数変化します。

Luisa estudia tanto como vosotros.　　　Manuel tiene tantos libros como tú.

2 最上級 El superlativo ◀081

定冠詞（＋ 名詞）＋ más ＋ 形容詞（＋ de 〜）

Esta novela es la más interesante de este año.

Juana es la chica más inteligente de la clase.

不規則な比較級も同様に、定冠詞を用いて最上級を作ります。

Este hotel es el mejor de esta ciudad.　　　Ana es la menor del grupo.

チェック 1 （　）内に適切な語を一語入れましょう。Completa las frases.

1) 私の部屋は君たちのよりも小さい。　　Mi habitación es (　　　　) pequeña (　　　　) la vuestra.

2) 今日は昨日よりも湿気が多い。　　　　Hoy hay (　　　　) humedad (　　　　) ayer.

3) 彼女は君と同じくらい走るのが速い。　Ella corre (　　　　) rápido (　　　　) tú.

4) 君はピラールより年上なの？　　　　　¿Eres (　　　　) (　　　　) Pilar?

5) 僕の弟は僕よりサッカーがうまい。　　Mi hermano (　　　　) juega al fútbol (　　　　) (　　　　) yo.

6) 私は君より睡眠時間が少ない。　　　　Duermo (　　　　) (　　　　) tú.

チェック 2 （　）内の語句を用いて最上級の文を作り、和訳しましょう。Sigue el modelo.

例 Este reloj es caro. (de los tres)　　→ *Este reloj es el más caro de los tres.*

1) Esta montaña es alta. (de España)　　→ _____

2) Estas gafas son bonitas. (de la tienda)　→ _____

3) Jorge es joven. (del grupo)　　→ _____

Diálogo *(en la cafetería)* ◀082

Kenta: Victoria, ¿dónde vives en Inglaterra?

Victoria: Yo, en Londres, pero mis padres viven en el campo, en un pueblo pequeño.

Kenta: ¿Te gusta Londres?

Victoria: No, es horrible. Me gusta más el pueblo pequeño de mis padres que Londres. Las ciudades grandes son muy ruidosas. Además hay mucha contaminación.

Kenta: Sí, pero las ciudades grandes son más convenientes y divertidas que los pueblos.

Victoria: Sí, eso es verdad, pero en el campo la vida es más tranquila y segura.

Kenta: Pues, a mí el campo no me gusta nada.

Práctica 1 例にならって、枠内の情報を見ながら、質問に答えましょう。Mira los recuadros y sigue el modelo.

例 ¿Quién es más alto? *David es más alto que Rosa.*

1) ¿Quién es mayor?
2) ¿Quién sabe más idiomas?
3) ¿Quién trabaja más?
4) ¿Quién practica más deportes?

David
Altura: 1,80 m.
Edad: 27 años
Idiomas: inglés, español y alemán
Trabajar: 18 horas a la semana
Deportes: tenis y fútbol

Rosa
Altura: 1,70 m.
Edad: 30 años
Idiomas: español, inglés y alemán
Trabajar: 15 horas a la semana
Deportes: no practica

Práctica 2 例にならって、どちらの方が好きかペアで質問し合いましょう。Sigue el modelo y practica con tu compañero.

el inglés o el español
el verano o el invierno
el béisbol o el tenis
viajar en coche o en tren

emocionante
fácil
interesante
confortable
divertido

例 A: ¿Cuál te gusta más, *el inglés o el español*?

B: Me gusta más *el español* que *el inglés*. *El español* me parece *más interesante y fácil*.

1 不定語・否定語 Los pronombres indefinidos ◀083

不定語			否定語		
algo	代名詞	何か	nada	代名詞	何も〜ない
alguien	代名詞	誰か	nadie	代名詞	誰も〜ない

A: ¿Quieres tomar algo?　　　　　　　　B: No, no quiero tomar nada.

A: ¿Hay alguien en la clase?　　　　　　B: No, no hay nadie.

不定語			否定語		
alguno, -a, -os, -as	形容詞 (代名詞)	何らかの いくつかの、何人かの	ninguno, -a	形容詞 (代名詞)	ひとつの…も〜ない ひとりの…も〜ない

alguno, ninguno は名詞の性・数に合わせて語尾が変化します。

A: ¿Hay alguna farmacia por aquí?　　　B: Sí, hay una.

Algunos estudiantes de esta clase viajan en verano.

男性単数名詞の前では algún, ningún になります。

A: ¿Practicas algún deporte?　　　　　　B: No, no practico ningún deporte.

代名詞としても用いられます。

A: ¿Hay alguna estación de metro por aquí?　B: No, no hay ninguna. (= ninguna estación)

A: ¿Practicas algún deporte?　　　　　　B: No, no practico ninguno. (= ningún deporte)

¿Alguno de ustedes quiere venir conmigo?

2 感嘆文 La frase exclamativa ◀084

1) ¡qué + 名詞 / 形容詞 / 副詞（+ 動詞）!

　　¡Qué hambre tengo!　　　¡Qué simpática es tu amiga!　　　¡Qué bien hablas español!

2) ¡qué + 名詞 + más (/ tan) + 形容詞（+ 動詞）!

　　¡Qué chico tan inteligente es Pablo!　　　¡Qué novela más interesante!

3) ¡cuánto + 動詞!

　　¡Cuánto me alegro!　　　¡Cuánto estudias!

チェック 1　正しい不定語・否定語を選びましょう。Elige la palabra correcta.

1) A: ¿Vive (algo / alguien / nadie) en esta casa?　　B: No, no vive (algo / alguien / nadie).

2) A: ¿Tienes (algo / alguien / algún) para beber?　　B: No, no tengo (algo / nada / ningún).

3) A: ¿Conoces (algún / alguna / algo) restaurante bueno por aquí?

　　　　　　　　　　　　　　　　B: No, no conozco (ningún / ninguno / nada).

チェック 2　( ) 内に適切な語を一語入れましょう。Completa las frases.

1) 今日は何て暑いんだ！　　　　　　¡ (　　　　　) calor hace hoy!

2) なんて面白い本なんだろう！　　　¡ (　　　　　) libro (　　　　　) interesante!

3) 彼らは何てたくさん働くんだ！　　¡ (　　　　　) trabajan ellos!

4) なんて美しい景色なんでしょう！　¡ (　　　　　) paisaje (　　　　　) bonito!

Diálogo　◀085

Victoria: Kenta, ¿cuántos años tienes?

Kenta: El próximo sábado es mi cumpleaños y cumplo 21 años.

Victoria: ¡Qué joven! El mío es el 15 de octubre. Dentro de dos semanas.

Kenta: ¡Qué bien! Podemos celebrarlos juntos. ¿Qué te parece?

Victoria: Fenomenal. ¿Conoces algún restaurante japonés aquí en Madrid?

Kenta: No, no conozco ninguno, pero tengo un amigo español, estudiante de japonés y él trabaja aquí, en Madrid, en un restaurante japonés. Se lo voy a preguntar.

Victoria: Bien, gracias.

Práctica 1 例にならって、自由に質問に答えましょう。 Sigue el modelo y contesta a las preguntas.

例 ¿Conoces algún restaurante español por aquí?

　—Sí, *conozco uno. Está cerca de la estación.* / No, no *conozco ninguno.*

1) ¿Conoces alguna película española?

2) ¿Conoces a algún futbolista español?

3) ¿Tienes algún amigo extranjero?

Práctica 2 例にならって、枠内の形容詞を使って、二通りの感嘆文で答えましょう。 Mira el recuadro y sigue el modelo.

| ~~bonito~~ | alto | bueno | grande | caro |

例 A: Mira, esa niña.

　B: *¡Qué bonita!* / *¡Qué niña más (/tan) bonita!*

1) A: Mira, la torre Sky Tree.

　B: ....

2) A: Mira, el precio de ese coche.

　B: ....

3) A: ¿Qué tal un poco de jamón ibérico?

　B: ....

4) A: Mira, ese palacio.

　B: ....

¡Fíjate! → p.84

1 直説法点過去 — 規則動詞　El pretérito indefinido de indicativo — Verbos regulares　◀086

-ar 動詞		-er 動詞		-ir 動詞	
hablar		**comer**		**vivir**	
habl**é**	habl**amos**	com**í**	com**imos**	viv**í**	viv**imos**
habl**aste**	habl**asteis**	com**iste**	com**isteis**	viv**iste**	viv**isteis**
habl**ó**	habl**aron**	com**ió**	com**ieron**	viv**ió**	viv**ieron**

過去において完結した行為を表します。　◀087

A: ¿Dónde conocisteis a María?　B: La conocimos en la fiesta de cumpleaños de mi amigo.

A: ¿A qué hora saliste de casa ayer?　B: Salí a las siete y media de la mañana.

A: ¿Te gustó Toledo?　B: Sí, me gustó mucho.

♦ 過去の時を表す表現

ayer　anteayer　anoche　la semana pasada　el mes pasado　el año pasado　hace tres días

♦ 1 人称単数または 3 人称の表記が変わる動詞

llegar: lle**gué**, llegaste, ...　　**buscar**: bus**qué**, buscaste, ...　　**empezar**: empe**cé**, empezaste, ...

leer: leí, leíste, le**y**ó, leímos, leísteis, le**y**eron　　**oír**: oí, oíste, o**y**ó, oímos, oísteis, o**y**eron

2 数 101 〜 9000　Los numerales (101–9000)　◀088

101 ciento uno	110 ciento diez	200 doscientos	300 trescientos	400 cuatrocientos
500 quinientos	600 seiscientos	700 setecientos	800 ochocientos	900 novecientos
1000 mil	2000 dos mil	3000 tres mil	4000 cuatro mil	5000 cinco mil
6000 seis mil	7000 siete mil	8000 ocho mil	9000 nueve mil	

200 〜 900 には女性形があります。

250 (doscientos cincuenta) yenes　　　580 (quinientas ochenta) personas

十の位と一の位がどちらも 0 以外の数なら y が入ります（11 〜 15 を除く）。

341 (trescientos cuarenta y un) dólares　　106 (ciento seis) casas

mil には複数形がありません。

1932 (mil novecientos treinta y dos)　　3020 (tres mil veinte)

チェック **1**　（ ）内の動詞を直説法点過去の正しい形にし、和訳しましょう。さらに ［ ］の主語に変えましょう。Conjuga correctamente los verbos.

1) ¿A qué hora (acostarse, tú) _____ anoche?　　　　[vosotros]

2) Ayer mi hermano (salir) _____ de casa a las ocho.　　[nosotros]

3) Nuestro abuelo (nacer) _____ en Málaga.　　　　[sus hijos]

4) ¿Dónde (cenar, vosotros) _____ el domingo pasado?　　[ustedes]

5) Yo (leer) _____ esta novela el año pasado.　　　　[María]

6) Nosotros (llegar) _____ a las tres en punto.　　　　[yo]

7) Yo (empezar) _____ a trabajar hace dos meses.　　　[mi hermana]

Diálogo *(en el Museo Reina Sofía)*　　　　　　　　　　　　　　　　　　　　　◀089

Susana:　　Kenta, este cuadro se llama Guernica y lo pintó Pablo Picasso.

Kenta:　　¿De dónde es Picasso?

Susana:　　Es español y nació en Málaga en 1881. Durante la Guerra Civil española se trasladó a Francia. Allí murió en 1973. Es uno de los pintores más famosos de su tiempo.

Kenta:　　Pintó muchos cuadros, ¿verdad?

Susana:　　Sí, todos de mucho valor.

Kenta:　　Gracias, Susana. ¡Qué interesante!

Práctica 1 Emiko が土曜日にしたことを読みましょう。Lee lo que hizo Emiko el sábado pasado.　　◀090

　　El sábado pasado Emiko se levantó a las 8:00, desayunó un café con leche y se maquilló. Salió de casa a las 9:00. Asistió al club de tenis de la universidad. Comió con sus compañeros del club. Por la tarde salió de compras con sus amigas. Cenaron juntas en un bar de tapas. Emiko volvió a casa a las 10:30. Se bañó y después de bañarse vio un poco la tele. Se acostó a las 12:00.

Práctica 2 Práctica 1 の文章を参考に、あなたが土曜日にしたことを書きましょう。Ahora escribe como Emiko lo que hiciste el sábado pasado.

Práctica 3 例にならって、あなたがしたことを自由に書きましょう。Haz frases con las expresiones de tiempo como en el modelo.

例 Ayer *me levanté muy tarde.*

1) Ayer _____

2) Anoche _____

3) La semana pasada _____

Práctica 4 例にならって、現在と点過去の正しい形にしましょう。Sigue el modelo y conjuga correctamente los verbos.

例 Normalmente (trabajar, yo) *trabajo* los domingos, pero el domingo pasado no *trabajé* .

1) Normalmente Miguel (salir) _____ de casa a las 7, pero el jueves pasado _____ a las 6.

2) Normalmente (acostarse, yo) _____ a las 11, pero el sábado pasado _____ a la 1.

3) Todos los días (estudiar, yo) _____ dos horas, pero ayer no _____ .

4) Los domingos (comer, nosotros) _____ juntos en casa, pero el domingo pasado _____ fuera.

1 直説法点過去 — 不規則動詞 （1） El pretérito indefinido de indicativo — Verbos irregulares (1)

3 人称の語幹母音が変化する -ir 動詞 ◀091

dormir		pedir	
dormí	dormimos	pedí	pedimos
dormiste	dormisteis	pediste	pedisteis
durmió	durmieron	pidió	pidieron

morir: （3 単）murió, （3 複）murieron

repetir: （3 単）repitió, （3 複）repitieron   **seguir**: （3 単）siguió, （3 複）siguieron

A: ¿Cuántas horas durmió usted anoche?   B: Dormí unas seis horas. ◀092

Ella no les pidió permiso a sus padres para viajar.

◀093

2 直説法点過去 — 不規則動詞 （2） El pretérito indefinido de indicativo — Verbos irregulares (2)

tener（u 型）		venir（i 型）		decir（j 型）		dar		ir / ser	
tuve	tuvimos	vine	vinimos	dije	dijimos	di	dimos	fui	fuimos
tuviste	tuvisteis	viniste	vinisteis	dijiste	dijisteis	diste	disteis	fuiste	fuisteis
tuvo	tuvieron	vino	vinieron	dijo	dijeron	dio	dieron	fue	fueron

estar: estuve, estuviste, ...   **poder**: pude, pudiste, ...   **saber**: supe, supiste, ...

querer: quise, quisiste, ...   **hacer**: hice, hiciste, hizo, hicimos, hicisteis, hicieron

traer: traje, trajiste, ..., trajeron

A: ¿Cuántas clases tuvisteis el lunes pasado?   B: Tuvimos tres. ◀094

A: ¿Qué tiempo hizo en Londres?   B: Hizo mal tiempo.

A: ¿Con quién fuiste al cine?   B: Fui con Sonia.

チェック 1   （　）内の動詞を直説法点過去の正しい形にし、和訳しましょう。さらに ［　］の主語に変え
ましょう。 Conjuga correctamente los verbos.

1) ¿(Dormir) _____ ustedes bien anoche?   [vosotros]

2) El profesor (repetir) _____ la pregunta.   [yo]

3) Ellos (traer) _____ una tarta a la fiesta.   [Clara]

4) ¿Por qué no se lo (decir) _____ usted a Julio?   [tú]

5) Ayer yo (tener) _____ que salir de casa muy temprano.   [ellos]

6) ¿A dónde (ir, tú) _____ el verano pasado?   [vosotros]

7) Nosotros (estar) _____ con Andrés hasta las seis.   [Luis]

8) Ellos me (dar) _____ este libro.   [mi padre]

Diálogo *(en la cafetería)* ◀095

Susana: Kenta, ¿qué ciudades de España conoces?

Kenta: Conozco muchas: Madrid, Barcelona, Valencia, etc. Me gusta mucho viajar.

Susana: ¿Cuándo viajaste por última vez?

Kenta: Pues, hace un mes. Un amigo japonés y yo fuimos a Sevilla, Jerez, Málaga y Granada. También estuvimos en Gibraltar.

Susana: ¿Qué ciudad te gustó más?

Kenta: Sevilla me encantó. Tiene muchos lugares para visitar: la Catedral, el Alcázar, el barrio de Triana, etc. Además la gente fue maravillosa con nosotros. Viajamos 10 días por toda Andalucía. Hizo un tiempo maravilloso.

Susana: ¡Qué bien! Lo pasasteis fenomenal, ¿no?

Práctica 1 例にならって、枠内の表現を使ってペアで練習しましょう。 Mira los recuadros y sigue el modelo.

ir al cine
ir de compras
dar un paseo
viajar
visitar a los abuelos
hacer deporte

la semana pasada
el mes pasado
el año pasado
hace + cuatro días / tres semanas / dos meses / un año

例 A: ¿Cuándo *viajaste* por última vez?　B: Pues, *hace dos meses viajé por Perú.*

Práctica 2 例にならって、表の人物がしたことを質問しあいましょう。 Sigue el modelo y practica con tu compañero.

例 A: ¿Dónde *estuvo Ricardo*?　B: *Estuvo en París.*

A: ¿Cómo *fue*? / ¿Dónde *se alojó*? / ¿Cuántos días *estuvo*? / ¿Qué lugares *visitó*? / ¿Qué tiempo *hizo*?

	estar en	ir en	alojarse en	estar	visitar	tiempo
Ricardo	París	tren	Hotel Antonieta	una semana	el Museo Louvre y el Palacio de Versalles	frío
tú	Roma	avión	Hotel Plaza	3 días	el Coliseo y el Vaticano	llover
María y Luisa	Madrid	autobús	en casa de una amiga	5 días	el Palacio Real y el Museo del Prado	buen tiempo
vosotros	Sevilla	el AVE	Hotel Reina	2 días	el Alcázar y la Catedral	calor

¡Fíjate! → p.85

1 直説法線過去 — 規則動詞　El pretérito imperfecto de indicativo — Verbos regulares　◀096

-ar 動詞		-er 動詞		-ir 動詞	
hablar		**comer**		**vivir**	
habl**aba**	habl**ábamos**	com**ía**	com**íamos**	viv**ía**	viv**íamos**
habl**abas**	habl**abais**	com**ías**	com**íais**	viv**ías**	viv**íais**
habl**aba**	habl**aban**	com**ía**	com**ían**	viv**ía**	viv**ían**

2 直説法線過去 — 不規則動詞　El pretérito imperfecto de indicativo — Verbos irregulares　◀097

ir		ser		ver	
iba	**íbamos**	**era**	**éramos**	**veía**	**veíamos**
ibas	**ibais**	**eras**	**erais**	**veías**	**veíais**
iba	**iban**	**era**	**eran**	**veía**	**veían**

過去のある時点における状況を表します。　◀098

> Antes mi primo viajaba mucho, pero ahora viaja menos.
>
> Cuando me levanté, llovía mucho.

過去の習慣を表します。

> Cuando era niña, yo tocaba el piano todos los días.
>
> De pequeño Miguel se acostaba muy temprano.

チェック **1**　次の動詞の直説法線過去の活用を書きましょう。Conjuga los siguientes verbos.

1) estudiar　　　　　2) oír　　　　　3) poder

チェック **2**　（　）内の動詞を直説法線過去の正しい形にし、和訳しましょう。さらに［　］の主語に変えましょう。Conjuga correctamente los verbos.

1) Antes nosotros (ir) _____ mucho al cine.　　　　[Carlos]

2) De niña Rosa (querer) _____ ser cantante.　　　　[yo]

3) ¿Todas las mañanas (levantarse, tú) _____ a las seis?　[vosotros]

4) Entonces mis abuelos (vivir) _____ en el campo.　[mi tía]

チェック **3**　（　）内の動詞を直説法線過去の正しい形にし、さらに［　］の語句を使って質問に答えましょう。Conjuga correctamente los verbos.

例　¿A qué hora (salir, tú) _salías_ de casa para ir a la universidad?　[a las siete]

　　→ *Salía de casa a las siete.*

1) ¿Cómo (ser) _____ Antonio de niño?　　　　[alto y delgado]

2) ¿Qué deporte te (gustar) _____ de joven?　　　　[el béisbol]

3) ¿Dónde (trabajar, vosotros) _____ antes?　　　[en una empresa francesa]

Diálogo *(en la cafetería)* ◀099

Eva:	Kenta, cuando eras pequeño, ¿vivías en Yokohama?
Kenta:	No, cuando era pequeño, mi familia vivía en Kioto.
Eva:	¿Qué recuerdos tienes de aquel tiempo?
Kenta:	Me acuerdo de que al principio no tenía muchos amigos. Tenía un perro y pasaba mucho tiempo con él.
Eva:	¿Qué hacías en tu tiempo libre?
Kenta:	Después de la escuela practicaba kendo o jugaba al fútbol.
Eva:	¿Qué hacías los fines de semana?
Kenta:	Normalmente visitábamos los templos de Kioto, pero a veces íbamos a la montaña. Fue una época muy bonita y tengo muy buenos recuerdos de aquel tiempo.

Práctica 1 例にならって、以前と今のことを答えましょう。Sigue el modelo y contesta a las preguntas.

	AHORA	ANTES
例 ¿Tocas el piano?	Sí, *lo toco*	... y antes también *lo tocaba*. ... pero antes no *lo tocaba*.
	No, no *lo toco*	... y antes tampoco *lo tocaba*. ... pero antes sí *lo tocaba*.
1) ¿Practicas deportes?		
2) ¿Ves la tele todas las noches?		
3) ¿Limpias la habitación todos los días?		

Práctica 2 Andrés たちの以前の様子を答えましょう。次に、あなたとペアの相手の以前の様子を答えましょう。Sigue el modelo y practica con tu compañero.

例 A: ¿Cómo *era Andrés* antes?   B: *Era un poco gordo. Llevaba el pelo corto.*

A: ¿Cómo *iba* al colegio? / ¿Qué *comía* mucho? / ¿Qué afición *tenía*?

	ser/llevar	ir al colegio	comer mucho	gustar
Andrés	un poco gordo el pelo corto	en autobús	carne	los deportes
María y su hermana	muy delgadas el pelo largo	en bicicleta	espaguetis	la lectura
tú				
tu compañero				

1 点過去と線過去 El pretérito indefinido e imperfecto ◀100

点過去は過去の事柄を、その継続時間や回数にかかわらず、終了したことと捉えて表します。

> Manuel vivió diez años en Perú.

> Anoche te llamé dos veces.

線過去は過去の事柄を、その始まりも終わりも示さずに、継続していたことと捉えて表します。

> Cuando yo era estudiante, jugaba al tenis todos los domingos.

> Cuando íbamos a la estación, vimos a José.

2 直接話法・間接話法 La frase de estilo directo e indirecto ◀101

直接話法　Pepe dice: "Tengo mucho sueño." 　　ペペは「とても眠い」と言っている

間接話法　→ <u>Pepe dice</u> <u>que tiene mucho sueño.</u> 　ペペはとても眠いと言っている
　　　　　　　　主節　　　　　　　従属節

主節の動詞が過去になると、従属節の中の現在形は線過去に変わります。

直接話法　Pepe dijo: "Tengo mucho sueño." 　　ペペは「とても眠い」と言った

間接話法　→ Pepe dijo que <u>tenía</u> mucho sueño. 　ペペはとても眠いと言った

チェック 1 次の動詞の直説法点過去と線過去の活用を書きましょう。Conjuga los siguientes verbos.

1) decir　　　　　　2) estar　　　　　　3) ver

チェック 2 （ ）内の動詞を直説法点過去または線過去の正しい形にし、文を完成させましょう。Completa con la forma adecuada del pretérito indefinido o del imperfecto.

1) ¿Qué hora (ser) _____ cuando (volver) _____ tus padres?

2) Nosotros (ir) _____ a Argentina en 1996.

3) La profesora nos (repetir) _____ la frase, pero no la (entender, nosotros) _____ .

4) Cuando (llegar, yo) _____ al teatro, ya no (haber) _____ entradas.

5) Cuando (ser, nosotros) _____ estudiantes, Julia y yo (verse) _____ una vez a la semana.

チェック 3 間接話法の文を完成させ、和訳しましょう。Escribe las frases de estilo indirecto.

1) "Pienso viajar por Andalucía."　　Pedro dice que _____
　　　　　　　　　　　　　　　　　　Pedro dijo que _____

2) "No me gustan las hamburguesas."　Pedro dice que _____
　　　　　　　　　　　　　　　　　　Pedro dijo que _____

3) "Estudio más que mi hermano."　　Pedro dice que _____
　　　　　　　　　　　　　　　　　　Pedro dijo que _____

4) "Me quiero acostar pronto."　　　Pedro dice que _____
　　　　　　　　　　　　　　　　　　Pedro dijo que _____

Diálogo *(en la cafetería)* ◀102

Federico: ¿Qué te pasó ayer?

Victoria: Fui a tomar el metro para volver a casa, pero estaba cerrado. Los empleados estaban en huelga.

Federico: ¿Y qué hiciste?

Victoria: Entonces entré en una cafetería y allí me encontré con Susana, nuestra profesora. Me invitó a cenar en su casa.

Federico: ¡Qué bien!

Práctica 1 例にならって、（　）内の語句を使って文を作りましょう。 Mira las imágenes y sigue el modelo.

例　1)　2)　3)　4)

例 (su mujer, lavar los platos)　Ayer cuando Roberto llegó a casa, *su mujer lavaba los platos.*

1) (sus hijos, llorar)　Ayer cuando Roberto llegó a casa, _____

2) (su padre, quitar la mesa)　Ayer cuando Roberto llegó a casa, _____

3) (su madre, dormir)　Ayer cuando Roberto llegó a casa, _____

4) (su hija mayor, leer un libro)　Ayer cuando Roberto llegó a casa, _____

Práctica 2 次の文章を読んだあと、Mao の発言を過去のこととして書き直しましょう。 Escribe en pasado lo que dice Mao.

Mao dice: "El español es muy difícil, pero voy a estudiar mucho porque quiero ir a España. Me gusta mucho el flamenco y quiero aprenderlo. Espero aprobar el curso."

Mao dijo que *el español era* _____

Dijo que _____

Al final dijo que _____

¡Fíjate! → p.86

59

1 過去分詞　El participio ◀103

規則形

-ar → -ado	-er → -ido	-ir → -ido
hablar → hablado	comer → comido	vivir → vivido

leer → leído, traer → traído, oír → oído

不規則形

abrir	→	**abierto**	volver	→	**vuelto**	escribir	→	**escrito**
hacer	→	**hecho**	poner	→	**puesto**	ver	→	**visto**
decir	→	**dicho**	morir	→	**muerto**	romper	→	**roto**

形容詞のように用いられ、名詞の性と数に一致します。

　　un vino hecho en Francia　　　　　la ventana abierta

2 直説法現在完了（**1**）　El pretérito perfecto de indicativo (1) ◀104

haber 直説法現在　＋　過去分詞

he	hemos
has	habéis
ha	han

＋ hablado, comido, vivido

◆ 過去分詞は性数変化しません。

現在までの経験を表します。

　　A: ¿Has estado alguna vez en Sevilla?　**B:** No, no he estado nunca.

現在を含む期間内（esta mañana, hoy, esta semana, este mes, este año, etc.）に生じた事柄を表します。

　　Este mes ha llovido mucho.

　　Esta mañana me he levantado a las siete.

チェック **1**　次の動詞の過去分詞を書きましょう。Escribe el participio.

　1) pensar　　　　2) leer　　　　3) recibir　　　　4) empezar　　　　5) ir

チェック **2**　（　）内の動詞を過去分詞の正しい形にし、和訳しましょう。Escribe el participio.

　1) un jersey (hacer) ＿＿＿＿＿＿ a mano　　　2) unas sillas (romper) ＿＿＿＿＿＿

　3) los libros (traducir) ＿＿＿＿＿＿ al español　　4) la puerta (cerrar) ＿＿＿＿＿＿

チェック **3**　（　）内の動詞を直説法現在完了の正しい形にし、和訳しましょう。さらに［　］の語句を使っ
　　　　　　て質問に答えましょう。Conjuga correctamente los verbos.

　1) ¿(Subir, vosotros) ＿＿＿＿＿＿ alguna vez al Monte Fuji?　　　[una vez]

　2) ¿Cuántas veces (estar) ＿＿＿＿＿＿ usted en Perú?　　　[dos veces]

　3) ¿A qué hora (salir, tú) ＿＿＿＿＿＿ de casa hoy?　　　[a las nueve]

Diálogo *(en la cafetería)*　◀105

Federico: Hola, Victoria, ¡qué jersey más bonito llevas!

Victoria: Sí, lo compré ayer. Está hecho en Marruecos.

Federico: ¿Ah, sí? Oye, ¿por qué no vamos a Marruecos? Yo ya he estado, pero quiero volver.

Victoria: Yo nunca he estado en África y me hace mucha ilusión ir, pero me da miedo.

Federico: Mira, el plan es el siguiente: tomamos el AVE hasta Málaga. Allí montamos en autobús hasta Algeciras. Y después tomamos el barco hasta Marruecos.

Victoria: Nunca he montado en barco. Además he oído que es muy peligroso cruzar el estrecho de Gibraltar.

Federico: ¡No pasa nada! Los barcos son muy grandes. ¿Qué te parece el plan?

Victoria: Me parece fenomenal. ¡Cuántas ganas tengo de pisar África!

Práctica 1 例にならって、あなたがしたことを自由に書きましょう。Haz frases con las expresiones de tiempo como en el modelo.

例 Hoy _me he levantado muy temprano para estudiar un poco antes del examen._

1) Esta semana _____

2) Este mes _____

3) Este año _____

Práctica 2 例にならって、ペアの相手に Emiko と Raúl の1日を説明しましょう。そのあと、あなたが今日したことを書きましょう。Sigue el modelo y practica con tu compañero. Escribe lo que has hecho durante el día de hoy.

例 A: Hoy Emiko *se ha levantado a las 6:00.*　　B: Pues Raúl *se ha levantado a las 8:15.*

Emiko

1) levantarse a las 6:00
2) leer el periódico
3) desayunar leche y pan
4) maquillarse
5) llegar a las 8:45 a la universidad
6) venir a clase en autobús
7) volver a casa a las 7:00
8) acostarse a las 11:00

Raúl

1) levantarse a las 8:15
2) afeitarse
3) no desayunar
4) ducharse
5) llegar a las 9:00 a la universidad
6) venir a clase en moto
7) trabajar en un bar
8) acostarse a las 12:30

① 直説法現在完了 (2)　El pretérito perfecto de indicativo (2) ◀106

現在までに完了している事柄を表します。

> Ya he hecho los deberes.
>
> Pedro todavía no ha devuelto los libros a la biblioteca.

現在まで継続している事柄を表します。

> Siempre he pensado que su hija es muy tímida.

② 過去分詞のその他の用法　Otros usos del participio ◀107

ser + 過去分詞 (+ por + 動作主)：動作の受け身を表します。過去分詞は主語の性と数に一致します。

> Esta novela fue escrita por Cervantes.　　Esta casa fue construida en 2001.

estar + 過去分詞：結果としての状態を表します。過去分詞は主語の性と数に一致します。

> La cena está preparada.　　　　　　Las ventanas están cerradas.

③ 数 10 000 ～　Los numerales (10 000–) ◀108

10 000	diez mil
20 000	veinte mil
100 000	cien mil
300 000	trescientos mil
1 000 000	un millón
2 000 000	dos millones
10 000 000	diez millones

millón には複数形があります。

millón, millones のすぐ後に名詞が続く場合には、前置詞 de が間に入ります。

> 1 000 000 (un millón) **de** habitantes
>
> 3 420 000 (tres millones cuatrocientos veinte mil) yenes

チェック 1　( ) 内の動詞を直説法現在完了の正しい形にし、和訳しましょう。さらに [ ] の主語に変えましょう。Conjuga correctamente los verbos.

1) ¿Ya (leer, tú) _____ el periódico de hoy?　　　　[usted]

2) Nosotros todavía no (preparar) _____ la comida.　　[Cristina]

3) ¿Ya (escribir, vosotros) _____ las tarjetas de Navidad?　[tú]

4) Hasta ahora ellos (vivir) _____ cerca del mar.　　[nosotros]

チェック 2　( ) 内の動詞を過去分詞の正しい形にし、和訳しましょう。Escribe el participio.

1) Esta torre fue (construir) _____ en el siglo XIX.

2) Las niñas ya están (acostar) _____ .

チェック 3　数詞を書きましょう。Escribe las cifras en español.

1) 14 700 _____ euros

2) 120 891 _____ casas

3) 5 213 510 _____ dólares

4) 96 000 000 _____ de personas

Diálogo *(en la cafetería)*

Kenta: Eva, he pensado que podemos hacer una fiesta en mi apartamento.

Eva: ¡Qué bien! Entonces, ¿os llevo algo de la comida francesa?

Kenta: Muchas gracias. Federico me ha dicho que él y su amiga nos van a preparar algunos platos de la cocina italiana. Yo voy a preparar comida japonesa.

Eva: Muy bien, pero antes tú tienes que limpiar bien tu apartamento, ¡eh!

Kenta: ¡Por supuesto!

Práctica 1 例にならって、文を作りましょう。Sigue el modelo.

例 (yo, preparar la cena) ○ *Ya he preparado la cena.* / ✗ *Todavía no he preparado la cena.*

1) (Carlos, limpiar la habitación) ✗ _____

2) (vosotros, hacer los deberes) ○ _____

3) (ellos, oír las noticias) ✗ _____

4) (mi hijo, acostarse) ○ _____

5) (tú, lavarse los dientes) ✗ _____

Práctica 2 例にならって、表の情報を使って、ペアで質問しあいましょう。Mira el recuadro y sigue el modelo.

例 A: ¿*Cuántos alumnos* tiene la Universidad de *Madrid*? B: Tiene *38 700*.

	Universidad de Madrid	Universidad de Barcelona
alumnos	38 700	29 621
alumnas	48 862	27 393
profesores	1671	1210
profesoras	1014	791

¡Fíjate! → p.87

1 現在分詞　El gerundio　◀110

規則形

-ar → -ando	-er → -iendo	-ir → -iendo
habl**ar** → habl**ando**	com**er** → com**iendo**	viv**ir** → viv**iendo**

不規則形

leer → **leyendo**	dormir → **durmiendo**
oír → **oyendo**	decir → **diciendo**
ir → **yendo**	pedir → **pidiendo**

2 現在進行形　El presente continuo　◀111

estar + 現在分詞：現在進行中の事柄を表します。

　　　A: ¿Qué estás haciendo?　**B:** Le estoy escribiendo una carta a mi amigo.

目的格人称代名詞や再帰代名詞は、活用している動詞の前に置くか、現在分詞の後ろにつけて一語とすることもできます。

　　　Rosa te está buscando.　　　= Rosa está busc**á**ndote.　　　♦ アクセント符号に注意しましょう。

　　　Los niños se están duchando.　= Los niños están duch**á**ndose.

3 現在分詞のその他の用法　Otros usos del gerundio　◀112

seguir, continuar + 現在分詞「〜し続ける」　¿Carlos todavía sigue durmiendo?

llevar + 現在分詞「〜している」（時の経過）　**A:** ¿Cuánto tiempo llevas viviendo en Tokio?

　　　　　　　　　　　　　　　　　　　B: Llevo viviendo diez años.

ir + 現在分詞「（だんだん）〜していく」　Mi tío va mejorando poco a poco.

副詞的用法「〜しながら」　　　　　　　Siempre desayuno oyendo la radio.

チェック 1　次の語を用いて、二通りの現在進行形を完成させましょう。Sigue el modelo.

　　例 Carmen, ducharse　　　*Carmen se está duchando.* / *Carmen está duchándose.*

　　1) el profesor, esperaros　　_____ / _____

　　2) los niños, bañarse　　_____ / _____

　　3) mi hijo, pedirnos dinero　_____ / _____

チェック 2　（　）内の動詞を現在分詞の正しい形にし、和訳しましょう。Escribe el gerundio.

　　1) **A:** ¿Qué estáis (hacer) _____? **B:** Estamos (buscar) _____ la llave.

　　2) Mi madre cocina (ver) _____ la televisión.

　　3) Carlos lleva (trabajar) _____ cinco años en esta tienda.

　　4) Irene sigue (hablar) _____ por teléfono con su amiga.

　　5) La población de esta ciudad va (aumentar) _____ cada año.

　　6) Mis abuelos desayunan (oír) _____ la música clásica.

Diálogo *(en la playa)*　　　　　　　　　　　　　　　　　　　　　　◀113

Alex:　　　¡Qué bonita es la playa! ¡La arena está muy limpia!

Susana:　　Sí, los españoles disfrutamos mucho yendo a la playa: tomamos el sol, nos bañamos,
　　　　　　hacemos deporte, etc. Por eso las cuidamos mucho.

Alex:　　　Mira. Aquellos chicos están jugando al fútbol, ese señor mayor está paseando, esta señorita
　　　　　　está leyendo una revista, aquellos chicos y chicas están corriendo. ¡Qué divertido!

Práctica 1　例にならって、枠内の表現を使って、絵の人物が何をしているところなのかを書きましょう。
　　　　　　　Mira las imágenes y sigue el modelo.

┌──┐
│　jugar al fútbol　　tomar el sol　　leer una revista　　correr　　dormir　　ducharse　　pasear │
└──┘

例 Estos chicos　　　1) Esa señorita　　　2) Aquellas jóvenes　　　3) Esas señoritas

están jugando al fútbol.　––––––––––––　–––––––––––––　––––––––––––

　　　　　4) Aquellas señoras mayores　　　5) Ese señor　　　6) Aquel chico

　　　　　––––––––––––––––––––––　　––––––––––––　　––––––––––––

Práctica 2　例にならって、以前と今、していること・していないことを書きましょう。Sigue el modelo.

　例 ¿Corre tu abuelo? (antes sí / ahora también)　　*Él antes corría y ahora (todavía) sigue corriendo.*
　　　¿Corre tu abuelo? (antes sí / ahora no)　　　　*Él antes corría, pero ahora no corre.*
　　　¿Corre tu abuelo? (antes no / ahora no)　　　　*Él antes no corría y ahora tampoco.*

1) ¿Fuma tu hermano? (antes no / ahora no)　　　––––––––––––––––––––––––

2) ¿Hacéis gimnasia? (antes sí / ahora también)　––––––––––––––––––––––––

3) ¿Juegas al tenis? (antes sí / ahora también)　––––––––––––––––––––––––

4) ¿Conduce tu abuelo el coche? (antes sí / ahora no)　–––––––––––––––––––

5) ¿Cantan tus amigos en un coro? (antes sí / ahora también)　––––––––––––

1 関係代名詞 que　El pronombre relativo *que*　◀114

関係代名詞 que に導かれた従属節が、人や物を修飾します。

Este es el libro. Compré este libro ayer.

→ Este es el libro que compré ayer.

　　　　　先行詞　　　　従属節

Conocí a una chica en la fiesta. La chica es de Colombia.

→ La chica que conocí en la fiesta es de Colombia.

◆ 前置詞 + 定冠詞 + que

Este es el hotel. Mi hermano trabaja en este hotel.

→ Este es el hotel en el que trabaja mi hermano.

Manuel salía con la chica. Esa chica era la hermana de María.

→ La chica con la que salía Manuel era la hermana de María.

2 序数　Los números ordinales　◀115

1° primero	2° segundo	3° tercero	4° cuarto	5° quinto
6° sexto	7° séptimo	8° octavo	9° noveno	10° décimo

通常、名詞の前に置き、名詞の性と数に一致します。

la segunda lección　　　　　　　　el cuarto capítulo

primero と tercero は、男性単数名詞の前で -o が脱落します。

el primer piso　　　　　　　　el tercer día

チェック 1 　関係代名詞 que を用いて、ひとつの文にしましょう。 Une las dos frases en una usando el relativo.

1) ¿Quién es aquel señor? + El señor está con la profesora.

→ ¿Quién _____ ?

2) Los chicos son los compañeros de clase. + Salgo de copas con ellos.

→ Los chicos _____ .

チェック 2 　( ) 内の数を適切な序数にして、和訳しましょう。 Escribe los números ordinales.

1) Vamos a sentarnos en la (5　　　　) fila.

2) Nuestra casa está en el (7　　　　) piso.

3) El inglés es mi (2　　　　) lengua extranjera y el español es mi (3　　　　).

4) Somos de (4　　　　) curso.

5) Estoy muy nervioso porque hoy es el (1　　　) día de clase.

チェック 3 　[ ] 内の数を適切な序数にして入れ、和訳しましょう。 Escribe los números ordinales.

1) el (　　　　) ministro　　　[1]

2) la (　　　　) Guerra Mundial　[2]

3) el (　　　　) mundo　　　　[3]

Diálogo *(en la fiesta)* ◀116

Eva: Oye, Kenta, ¡cuánta gente ha venido a la fiesta!

Kenta: Sí, seguro que muchos han venido para probar la comida tan buena que has hecho tú.

Eva: Kenta, ¿quién es ese chico alto que está hablando con Victoria?

Kenta: Es un amigo mío. Es español y se llama Jaime. Eva, ¿conoces a la chica con falda corta y el pelo rubio?

Eva: Sí. Es Laura, una amiga mía. Es muy guapa y simpática. Después te la presento.

Kenta: Gracias, Eva. Más adelante, yo te voy a presentar a Jaime.

Práctica 1 例にならって、枠内の表現を使って、絵の人物が誰なのかをペアで質問しあいましょう。
Mira las imágenes y sigue el modelo.

| ~~reírse~~ dormir en el sofá oír música tocar la guitarra |
| ver la televisión leer bailar escribir cantar |

例 A: ¿Quién es *la chica que está riéndose*? B: Es *Laura*.

Alumno A

例 Laura 1) _____ 2) Mary

3) _____ 4) Diana 5) _____

6) Roberto 7) _____ 8) Lorenzo

Alumno B

例 Laura 1) Jaime 2) _____

3) Andrés 4) _____ 5) Lucas

6) _____ 7) Ángela 8) _____

1 直説法未来　El futuro imperfecto ◀117

規則形

-ar 動詞		-er 動詞		-ir 動詞	
hablar		**comer**		**vivir**	
hablar**é**	hablar**emos**	comer**é**	comer**emos**	vivir**é**	vivir**emos**
hablar**ás**	hablar**éis**	comer**ás**	comer**éis**	vivir**ás**	vivir**éis**
hablar**á**	hablar**án**	comer**á**	comer**án**	vivir**á**	vivir**án**

不規則形

e が消える		d が現れる		ce が消える		ec が消える	
saber		**tener**		**hacer**		**decir**	
sabr**é**	sabr**emos**	tendr**é**	tendr**emos**	har**é**	har**emos**	dir**é**	dir**emos**
sabr**ás**	sabr**éis**	tendr**ás**	tendr**éis**	har**ás**	har**éis**	dir**ás**	dir**éis**
sabr**á**	sabr**án**	tendr**á**	tendr**án**	har**á**	har**án**	dir**á**	dir**án**

haber: habré, habrás, ...　　**salir**: saldré, saldrás, ...

poder: podré, podrás, ...　　**venir**: vendré, vendrás, ...

querer: querré, querrás, ...　　**poner**: pondré, pondrás, ...

◆ 未来の時を表す表現 ◀118

mañana	pasado mañana	el próximo domingo
la próxima semana	el próximo mes	el próximo año
la semana que viene	el mes que viene	el año que viene

未来の出来事や意向を表します。

　　A: ¿Lloverá mañana?　　B: No, dicen que hará buen tiempo.

現在の出来事の推量を表します。

　　A: ¿Dónde está Lola?　　B: No sé. Estará en la cocina.

チェック 1　次の動詞の直説法未来の活用を書きましょう。Conjuga los siguientes verbos.

　1) jugar　　　2) ser　　　3) querer　　　4) venir　　　5) poner

チェック 2　( ) 内の動詞を直説法未来の正しい形にし、和訳しましょう。さらに [ ] の主語に変えましょう。Conjuga correctamente los verbos.

　1) ¿A qué hora (salir, tú) ＿＿＿＿＿＿ de casa mañana?　　　[ustedes]

　2) El año que viene yo (ir) ＿＿＿＿＿＿ a una universidad de Canadá.　　　[su hijo]

　3) El próximo domingo nosotros no (poder) ＿＿＿＿＿＿ ir a la fiesta.　　　[Raúl]

　4) ¿Cuántos años (tener) ＿＿＿＿＿＿ esa chica?　　　[aquellas chicas]

　5) Seguramente ellos (estar) ＿＿＿＿＿＿ cansados.　　　[vosotros]

Diálogo *(en la universidad)* ◀119

Eva: Kenta, ¿qué harás en el futuro?

Kenta: Este año, en septiembre volveré a Japón y terminaré mis estudios. Después quiero hacer un máster en Economía. En el futuro crearé mi propia empresa de exportación e importación entre España y Japón. Quiero hacer de puente entre España y mi país.

Eva: Pues, yo no estoy tan segura de lo que quiero hacer en el futuro, pero primero perfeccionaré mi español y después trabajaré como guía turística.

Kenta: Nuestros sueños son maravillosos y creo que se harán realidad.

Práctica 1 次の旅行プランを見ながら、例にならってペアで質問と答えを作りましょう。Mira el recuadro y practica con tu compañero.

VIAJE FIN DE CURSO A SEGOVIA

 9:00 Salir en autobús desde la escuela.

10:15 Llegar a Segovia.

10:30 Visitar el Alcázar.

11:30 Pasear hasta el Acueducto.

12:30 Visitar la Catedral.

13:30 Comer en el restaurante Cándido.

15:30 Tener tiempo libre.

17:00 Visitar el Museo de Segovia.

19:00 Regresar a Madrid.

例 Ir de viaje.　　　　　　　A: ¿A dónde *irás de viaje*?　　　B: *Iré a Segovia.*

1) Medio de transporte.　　　¿Cómo _____ ?　　_____

2) Horario de llegada a Segovia.　¿A qué hora _____ ?　_____

3) Visitar por la mañana.　　¿Qué lugares _____ ?　_____

4) Lugar de la comida.　　　¿Dónde _____ ?　　_____

5) Hora de la comida.　　　¿A qué hora _____ ?　_____

6) Visitar por la tarde.　　　¿Qué lugares _____ ?　_____

7) Hora de regresar.　　　　¿A qué hora _____ ?　_____

1 直説法過去未来　El condicional ◀120

規則形

-ar 動詞			-er 動詞			-ir 動詞	
hablar			**comer**			**vivir**	
hablaría	hablaríamos		comería	comeríamos		viviría	viviríamos
hablarías	hablaríais		comerías	comeríais		vivirías	viviríais
hablaría	hablarían		comería	comerían		viviría	vivirían

不規則形

e が消える		d が現れる		ce が消える		ec が消える	
saber		**tener**		**hacer**		**decir**	
sabría	sabríamos	tendría	tendríamos	haría	haríamos	diría	diríamos
sabrías	sabríais	tendrías	tendríais	harías	haríais	dirías	diríais
sabría	sabrían	tendría	tendrían	haría	harían	diría	dirían

haber: habría, ...　　**salir**: saldría, ...

poder: podría, ...　　**venir**: vendría, ...

querer: querría, ...　　**poner**: pondría, ...

過去から見た未来の出来事を表します。 ◀121

　　Miguel me dijo que llegaría un poco tarde.　　Creía que haría mucho frío en el norte.

過去の出来事の推量を表します。

　　¿Qué hora sería cuando llegó Mario?

現在の事柄を婉曲的に表します。

　　Me gustaría hablar con usted.　　　　　　¿Podrías ayudarme?

条件を伴った推量を表します。

　　Yo que tú, iría en tren.　　　　　　　　　Yo, en tu lugar, no le diría nada.

チェック 1 （　）内の動詞を直説法過去未来の正しい形にし、和訳しましょう。 Conjuga correctamente los verbos.

1) Pensé que (haber) ＿＿＿＿＿ mucha gente en el cine.

2) Me dijiste que (salir, tú) ＿＿＿＿＿ de viaje el próximo sábado.

3) Cuando se casó Pablo, (tener) ＿＿＿＿＿ treinta años.

4) A: ¿Por qué no vino Eva?　B: No sé. (Estar) ＿＿＿＿＿ resfriada.

チェック 2 下線部の動詞を直説法過去未来に変えて、和訳しましょう。Pon la frase en condicional.

1) Debes comer más.

2) ¿Puede usted hablar un poco más despacio?

3) Quiero hablar con el señor Ruiz.

Diálogo *(en la universidad)* ◀122

Kenta: Por fin, la próxima semana termina el curso de español. Este ha sido muy duro. Ahora me siento muy cansado y un poco estresado. Antes de volver a Japón me gustaría descansar unos días en algún lugar tranquilo.

Susana: Kenta, yo que tú viajaría por el norte de España.

Kenta: Pero ir yo solo sería muy aburrido. Me gustaría ir con varios amigos.

Susana: Bien. Eva y Alex me dijeron que les gustaría visitar el norte de España. Entonces, ¿por qué no vas con ellos?

Kenta: Sería una buena idea. De esta manera yo conocería algunas ciudades nuevas, como Santiago de Compostela, Bilbao, San Sebastián, etc. Además descansaría.

Susana: Sí, creo que lo pasaríais fenomenal.

Práctica 1 例にならって、ペアで質問しあいましょう。Sigue el modero y practica con tu compañero.

例 Emiko: (volver) a España para visitar a sus amigos

A: ¿Qué dijo *Emiko*? 　　B: Dijo que *volvería a España para visitar a sus amigos*.

1) Diana: algún día (ir) a Asia

2) Roberto: en el futuro (hacer) más deporte

3) David: (casarse) con Diana en el futuro

4) Andrés: (cambiar) de trabajo en septiembre

5) Mary: (tener) tres hijos

6) Laura: (visitar) Japón en abril para ver los cerezos en flor

Práctica 2 自由に文を作りましょう。Haz tres frases.

1) Me gustaría
2) Deberías
3) ¿Podrías ?

¡Fíjate! → p.89

1 接続法現在 — 規則動詞 El presente de subjuntivo — Verbos regulares ◀123

-ar 動詞		-er 動詞		-ir 動詞	
hablar		**comer**		**vivir**	
hable	hablemos	coma	comamos	viva	vivamos
hables	habléis	comas	comáis	vivas	viváis
hable	hablen	coma	coman	viva	vivan

tocar: to**que**, to**ques**, to**que**, to**quemos**, to**quéis**, to**quen**

llegar: lle**gue**, lle**gues**, lle**gue**, lle**guemos**, lle**guéis**, lle**guen**

2 接続法現在 — 不規則動詞 El presente de subjuntivo — Verbos irregulares ◀124

1) 直説法現在 1 人称単数をもとに変化する動詞（かっこの中は直説法現在 1 人称単数）

hacer (hago):   haga, hagas, haga, hagamos, hagáis, hagan

tener (tengo):   tenga, tengas, tenga, tengamos, tengáis, tengan

conocer (conozco):   conozca, conozcas, conozca, conozcamos, conozcáis, conozcan

2) 語幹母音が変化する -ar/-er 動詞（かっこの中は直説法現在 1 人称単数）

pensar (pienso):   p**ie**nse, p**ie**nses, p**ie**nse, pensemos, penséis, p**ie**nsen

empezar (empiezo):   emp**iece**, emp**iece**s, emp**iece**, empecemos, empecéis, emp**iece**n

volver (vuelvo):   v**ue**lva, v**ue**lvas, v**ue**lva, volvamos, volváis, v**ue**lvan

3) 語幹母音が変化する -ir 動詞（かっこの中は直説法現在 1 人称単数）

sentir (siento):   s**ie**nta, s**ie**ntas, s**ie**nta, s**i**ntamos, s**i**ntáis, s**ie**ntan

pedir (pido):   p**i**da, p**i**das, p**i**da, p**i**damos, p**i**dáis, p**i**dan

dormir (duermo):   d**ue**rma, d**ue**rmas, d**ue**rma, d**u**rmamos, d**u**rmáis, d**ue**rman

4) その他

ver: vea, veas, ...   ser: sea, seas, ...   saber: sepa, sepas, ...   ir: vaya, vayas, ...   haber: haya, hayas, ...

dar: dé, des, dé, demos, deis, den

estar: esté, estés, esté, estemos, estéis, estén

チェック 1　次の動詞の接続法現在の活用を書きましょう。Conjuga los siguientes verbos.

1) esperar   2) leer   3) abrir   4) venir   5) jugar   6) querer

チェック 2　次の動詞の不定詞を書きましょう。Escribe el infinitivo de los siguientes verbos.

1) entiendan   2) llueva   3) apruebes   4) paguéis   5) salga   6) repita

チェック 3　次の動詞の主語を変えずに、接続法現在の活用形を書きましょう。Pon los siguientes verbos en el presente de subjuntivo.

1) puedes   2) nieva   3) vamos   4) dicen   5) doy

6) sois   7) sigo   8) oye   9) sé   10) te lavas

1 名詞節における接続法 El uso del subjuntivo en oraciones sustantivas ◀125

次のような名詞節の中の動詞は接続法になります。

1)「願望、命令、感情」の意味を持つ動詞 + que で導かれる名詞節

Quiero que leas esta novela.   ♦ 主節と従属節の主語が同じ場合：Quiero *leer* esta novela.

Os pido que me ayudéis.   Me alegro de que tus padres estén muy bien.

2)「確信」の意味を持つ動詞の否定 + que で導かれる名詞節

No creo que Pablo hable francés.   No me parece que vaya a nevar mañana.

3) es +「価値判断、可能性」の意味を持つ形容詞 + que で導かれる名詞節

Es mejor que te cuides más.   Es posible que ahora haya mucha gente en el museo.

2 形容詞節における接続法 El uso del subjuntivo en oraciones relativas ◀126

先行詞が不特定、または否定されるとき、関係詞で導かれる形容詞節の動詞は接続法になります。

¿Hay alguien que conozca Cuba?

Quiero una habitación que dé al mar.

♦ 先行詞が特定されているときには直説法が用いられます。Tengo un amigo que conoce Cuba.

3 副詞節における接続法 El uso del subjuntivo en oraciones adverbiales ◀127

次のような副詞節の中の動詞は接続法になります。

1) 未来の時を表す副詞節

Cuando vaya a España, quiero visitar el Museo del Prado.

♦ 現在の習慣や、過去のことを表すときには、直説法が用いられます。

Cuando voy a España, siempre visito el Museo del Prado.

♦ antes de que のあとは常に接続法になります。

Antes de que venga el profesor, tengo que terminar los deberes.

2) 目的や譲歩を表す副詞節

¿Puedes abrir la ventana para que entre el aire fresco?

Aunque sea barato, no compraré este reloj.

チェック 1 （ ） 内の動詞を接続法現在の正しい形にし、和訳しましょう。Conjuga correctamente los verbos.

1) Espero que (tener, vosotros) _____ un buen viaje.

2) Siento que usted no (poder) _____ asistir a nuestra boda.

3) No creo que Mario (saber) _____ conducir.

4) Aunque (hacer) _____ mal tiempo, iremos a la montaña.

チェック 2 正しい動詞を選びましょう。Elige uno correcto.

1) Cuando (termino / termine) el trabajo, te llamaré.

2) Te doy dinero para que (compras / compres) el billete.

3) ¿Conoces algún hotel que (está / esté) cerca del aeropuerto?

1 命令表現　El imperativo

1)　tú と vosotros に対する肯定命令　◀128

	hablar	comer	escribir	empezar	volver
tú に対する肯定命令： 　直説法現在 3 人称単数と同形	habla	come	escribe	empieza	vuelve
vosotros に対する肯定命令： 　不定詞の語尾の -r を -d に変える	hablad	comed	escribid	empezad	volved

◆ tú に対する不規則な肯定命令：(hacer) haz, (poner) pon, (salir) sal, (tener) ten, (venir) ven, (decir) di, (ir) ve, (ser) sé

Abre las ventanas.　　　Cerrad la puerta.　　　Haz deporte.　　　Ven aquí.

2)　その他の人称の肯定命令と、すべての人称の否定命令には、接続法現在を用います。

		hablar	comer	escribir	empezar
肯定命令	usted に対して	hable	coma	escriba	empiece
	ustedes に対して	hablen	coman	escriban	empiecen
	nosotros に対して	hablemos	comamos	escribamos	empecemos
否定命令	tú に対して	no hables	no comas	no escribas	no empieces
	vosotros に対して	no habléis	no comáis	no escribáis	no empecéis
	usted に対して	no hable	no coma	no escriba	no empiece
	ustedes に対して	no hablen	no coman	no escriban	no empiecen
	nosotros に対して	no hablemos	no comamos	no escribamos	no empecemos

Hable más despacio, por favor.　　Suban por la escalera.　　Brindemos por la salud.　◀129

No bebas tanto.　　　　　　　　No hagáis ruido.　　　　No fumen aquí, por favor.

2 命令表現での代名詞の位置　El imperativo y los pronombres　◀130

1)　肯定命令では、目的格代名詞も再帰代名詞も、動詞の末尾につけて一語にします。

Dímelo.　　　　Esperadnos aquí.　　　Vete.　　　　Siéntense, por favor.

◆ 再帰動詞の nosotros に対する肯定命令：語尾の -s が脱落します。Levantemos + nos → Levantémonos.

◆ 再帰動詞の vosotros に対する肯定命令：語尾の -d が脱落します。Levantad + os → Levantaos.

2)　否定命令では、目的格代名詞も再帰代名詞も、動詞の直前に置かれます。

No me lo digas.　　　No nos esperéis.　　　No te vayas.　　　No se sienten aquí.

チェック 1　次の動詞を tú と vosotros に対する肯定命令にしましょう。Escribe el imperativo.

　1) estudiar　　2) leer　　3) decir　　4) dormir　　5) seguir　　6) escucharme　　7) acostarse

チェック 2　肯定命令は否定命令に、否定命令は肯定命令に変えましょう。Sigue el modelo.

　例 Come mucho. → *No comas mucho.*　　No lo comas. → *Cómelo.*

　1) No toméis mucha fruta.　　　　　　　2) No salgan por esta puerta.

　3) Decídselo.　　　　　　　　　　　　　4) No me lo enseñes.

　5) Ponéoslos.　　　　　　　　　　　　　6) No nos sentemos aquí.

❶ [ ] の指示に従って定冠詞か不定冠詞を入れ、さらに複数にしましょう。Escribe el artículo determinado o indeterminado y después escribe el plural.

1) ［ひとりの］＿＿＿＿＿ niña   → ＿＿＿＿＿＿＿＿＿＿＿＿＿＿＿＿＿＿＿

2) ［一軒の］＿＿＿＿＿ hotel   → ＿＿＿＿＿＿＿＿＿＿＿＿＿＿＿＿＿＿＿

3) ［その］＿＿＿＿＿ ciudad   → ＿＿＿＿＿＿＿＿＿＿＿＿＿＿＿＿＿＿＿

4) ［ひとつの］＿＿＿＿＿ habitación   → ＿＿＿＿＿＿＿＿＿＿＿＿＿＿＿＿＿＿＿

5) ［その］＿＿＿＿＿ examen   → ＿＿＿＿＿＿＿＿＿＿＿＿＿＿＿＿＿＿＿

❷ （ ）内に動詞 ser を正しい形にして入れたあと、例にならって主語が単数のときは複数に、複数のときは単数にして文を書きましょう。Sigue el modelo y escribe el singular o el plural.

例 Yo (*soy*) estudiante. → *Nosotros somos estudiantes.*   Ellos (*son*) de Perú. → *Él es de Perú.*

1) Ella (   ) española.   → ＿＿＿＿＿＿＿＿＿＿＿＿＿＿＿＿＿＿＿

2) ¿ (   ) vosotras de Chile?   → ＿＿＿＿＿＿＿＿＿＿＿＿＿＿＿＿＿＿＿

3) Nosotros (   ) médicos.   → ＿＿＿＿＿＿＿＿＿＿＿＿＿＿＿＿＿＿＿

4) ¿ (   ) ustedes profesoras?   → ＿＿＿＿＿＿＿＿＿＿＿＿＿＿＿＿＿＿＿

5) Yo (   ) japonés.   → ＿＿＿＿＿＿＿＿＿＿＿＿＿＿＿＿＿＿＿

❸ 1 か所だけ間違いを探して正しく書き直しましょう。Busca el error y escribe la frase correctamente.

1) ¿Dónde es Antonio de?

2) Antonio y David son profesors.

3) Soy una estudiante.

4) María y Paula son españoles.

5) A: ¿Sois de México? B: No, somos de México. Somos de España.

❹ 次の日本語をスペイン語にしましょう。Traduce las siguientes frases al español.

1) 「君はどこの出身ですか？」「日本の出身です。」

＿＿＿

2) 「Alicia は先生ですか？」「いいえ、学生です。」

＿＿＿

3) 「あなた方はイタリア人ですか？」「いいえ、スペイン人です。」

＿＿＿

4) 「Antonio と María は医者ですか？」「はい、医者です。」

＿＿＿

❺ 自由に、または [ ] の語を使って答えましょう。Contesta a las preguntas.

1) ¿Eres tú médico?   2) ¿Qué son ellos? [enfermero]

3) Yo, un café y un bocadillo de jamón. ¿Y tú?   4) Hola, soy Roberto García. Encantado.

¡FÍJATE! UNIDAD 2

❶ 次の指示形容詞、名詞、動詞 ser、形容詞のリストからひとつずつ選び、意味の通る表現を作りましょう。
Elige una palabra de cada columna y haz una frase.

指示形容詞	名詞	動詞 ser	形容詞
Este	mujeres	es	simpáticos
Esa	chicos		fácil
Aquellos	casa		amables
Estas	libro	son	nueva

1) Este _____
2) Esa _____
3) Aquellos _____
4) Estas _____

❷ （　）内に指示詞か所有形容詞を入れましょう。Completa con los demostrativos o el adjetivo posesivo.

1) (この) coche es alemán, pero (それら) son japoneses.

2) ¿Son (これ) (君の) zapatos?

3) (こちら) es (私の) tía, Carmen.

4) (あれ) es (彼女の) casa.

5) A: ¿Qué es (あれ)? B: Es un hotel.

❸ 1 か所だけ間違いを探して正しく書き直しましょう。Busca el error y escribe la frase correctamente.

1) Mi hermanos son estudiantes.

2) Esto chico es mi primo.

3) Esta es una interesante novela.

4) Las profesoras son simpáticos.

5) Este hotel es nueva.

❹ 次の日本語をスペイン語にしましょう。Traduce las siguientes frases al español.

1) 「君の両親は背が高いですか？」「父は背が高いですが、母は背が低いです。」

2) 「これは、君たちの写真ですか？」「はい、私たちの写真です。」

3) 「この本は難しいですか？」「はい、でも面白いです。」

4) 「あれは何ですか？」「教会（una iglesia）です。」

❺ 自由に次の質問に答えましょう。Contesta a las preguntas.

1) ¿Cómo es tu mejor amigo/amiga? 2) ¿De dónde es?
3) ¿Es simpático/a tu profesor/a? 4) ¿Es difícil el español?
5) ¿Es interesante este libro? 6) ¿Es nueva tu casa?

❶ 動詞 ser, estar, tener のいずれかを正しい形にして入れ、和訳しましょう。Escribe la forma correcta del verbo *ser, estar o tener*.

1) Ahora nosotros no ＿＿＿＿＿＿ hambre.

2) Nosotros ＿＿＿＿＿＿ muy ocupados estos días.

3) Mis amigos ＿＿＿＿＿＿ de Granada.

4) Mi abuelo ＿＿＿＿＿＿ amable.

5) Yo ＿＿＿＿＿＿ mucho sueño después de comer.

6) Esta película ＿＿＿＿＿＿ interesante.

7) La farmacia ＿＿＿＿＿＿ a la derecha del supermercado.

8) ¿＿＿＿＿＿ (tú) amigos extranjeros?

9) ¿No ＿＿＿＿＿＿ (vosotros) calor?

10) ¿Dónde ＿＿＿＿＿＿ (tú) ahora?

❷ 1 か所だけ間違いを探して正しく書き直しましょう。Busca el error y escribe la frase correctamente.

1) Tu casa está lejos de el parque.

2) Nuestra habitación está grande.

3) Mi hermano es quince años.

4) Nosotros somos frío.

5) Tengo muy hambre.

❸ 次の日本語をスペイン語にしましょう。Traduce las siguientes frases al español.

1)「駅はどこにありますか？」「そのスーパーのうしろにあります。」

＿＿＿＿＿＿＿＿＿＿＿＿＿＿＿＿＿＿＿＿＿＿＿＿＿＿＿

2)「君お腹すいてる？」「いいえ、でものどが渇いています。」

＿＿＿＿＿＿＿＿＿＿＿＿＿＿＿＿＿＿＿＿＿＿＿＿＿＿＿

3)「君のお母さんはどんな人ですか？」「陽気でやせています。」

＿＿＿＿＿＿＿＿＿＿＿＿＿＿＿＿＿＿＿＿＿＿＿＿＿＿＿

4)「君の弟は何歳ですか？」「16 歳です。」

＿＿＿＿＿＿＿＿＿＿＿＿＿＿＿＿＿＿＿＿＿＿＿＿＿＿＿

❹ 自由に次の質問に答えましょう。Contesta a las preguntas.

1) ¿Cuántos sois en tu familia?　　　　2) ¿Cómo es tu padre/madre?

3) ¿Tienes hermanos?　　　　　　　　4) ¿Tienes abuelos?

5) ¿Cuántos años tienes?　　　　　　　6) ¿Cómo estás hoy?

❶ 枠内から適切な動詞を選び、直説法現在の正しい形にして文を完成させ、和訳しましょう。Completa.

| leer | tocar | vivir | viajar | abrir | trabajar |

1) ¿Qué instrumento (　　　　　　　) tú?

2) Mi hermana (　　　　　　) muchas novelas.

3) Nosotros (　　　　　　) en las afueras de la ciudad.

4) Yo (　　　　　) en un restaurante mexicano.

5) Los bancos (　　　　　) a las nueve.

6) ¿ (　　　　　) vosotros por Hokkaido?

❷ hay または動詞 ser, estar を正しい形にして入れ、文を完成させましょう。Escribe la forma correcta del verbo *haber, ser* o *estar*.

1) ¿Cerca de la estación (　　　　　　) muchos restaurantes?

2) Esta (　　　　) mi casa.

3) ¿Dónde (　　　　) tus hijos?

4) La capital de Perú (　　　　) Lima.

5) ¿ (　　　　) una parada de autobús cerca de tu casa?

6) Allí (　　　　) el restaurante de mi tío.

❸ 1 か所だけ間違いを探して正しく書き直しましょう。Busca el error y escribe la frase correctamente.

1) ¿Practices el piano todos los días?

2) Está unos niños en el parque.

3) En esta ciudad hay nuestra universidad.

4) Normalmente llegamos a la estación a nueve.

5) Es la uno y cuarto.

❹ 次の日本語をスペイン語にしましょう。Traduce las siguientes frases al español.

1)「君たちは何を勉強しているの？」「英語とスペイン語を勉強しています。」

2)「君のお兄さんはどこに住んでるの？」「イギリスに住んでいます。」

3)「今、何時ですか？」「3 時半です。」

4)「このクラスには何人の学生がいますか？」「25 人います。」

❺ 自由に次の質問に答えましょう。Contesta a las preguntas.

1) ¿Dónde y con quién vives?

2) ¿Qué estudias?

3) ¿Trabajas? ¿Dónde?

4) ¿Qué lenguas hablas?

5) ¿Practicas deportes?

6) ¿Tocas el piano?

❶ 疑問詞を、必要であれば適切な形にして入れ、質問を完成させましょう。 Escribe la partícula interrogativa adecuada.

1) A: ¿＿＿＿＿＿ años tiene tu hermana?　　B: Tiene quince años.

2) A: ¿＿＿＿＿＿ es vuestra profesora?　　B: Es muy simpática.

3) A: ¿＿＿＿＿＿ son aquellos chicos?　　B: Son mis compañeros de trabajo.

❷ 質問と答えを結び付けましょう。Relaciona.

1) ¿Por qué no ves la televisión por la mañana? •　　• a) Veo dramas.

2) ¿Cuántos alumnos hay en esta clase? •　　• b) Aquí tienes mi número.

3) ¿Cuál es tu número de teléfono? •　　• c) Mañana por la tarde.

4) ¿Cuándo salís de Japón? •　　• d) Porque no tengo tiempo.

5) ¿Qué programas ves en la tele? •　　• e) Veinte.

❸ 1 か所だけ間違いを探して正しく書き直しましょう。 Busca el error y escribe la frase correctamente.

1) Salgo de casa a las siete por la mañana.

2) ¿Cuántos horas estudias para el examen?

3) ¿Vees mucho la televisión?

4) Aprendo flamenco en domingos.

5) ¿Cuál deporte haces?

❹ 次の日本語をスペイン語にしましょう。Traduce las siguientes frases al español.

1)「君はどこに行くの？」「大学に行きます。」

＿＿＿＿＿＿＿＿＿＿＿＿＿＿＿＿＿＿＿＿＿＿＿＿＿＿＿＿＿＿＿＿＿＿

2)「君たちは何時に家を出ますか？」「8 時に出ます。」

＿＿＿＿＿＿＿＿＿＿＿＿＿＿＿＿＿＿＿＿＿＿＿＿＿＿＿＿＿＿＿＿＿＿

3)「毎週日曜日に君は何をしますか？」「友人たちと出かけます。」

＿＿＿＿＿＿＿＿＿＿＿＿＿＿＿＿＿＿＿＿＿＿＿＿＿＿＿＿＿＿＿＿＿＿

4)「今日は何月何日ですか？」「7 月 11 日です。」

＿＿＿＿＿＿＿＿＿＿＿＿＿＿＿＿＿＿＿＿＿＿＿＿＿＿＿＿＿＿＿＿＿＿

❺ 自由に次の質問に答えましょう。Contesta a las preguntas.

1) ¿Qué día es hoy?　　2) ¿Cómo vas a la universidad?

3) ¿Qué días de la semana estudias español?　　4) ¿Qué días de la semana trabajas?

5) ¿Cuándo es tu cumpleaños?　　6) ¿Con quién vas de compras?

❶ ( ) 内の動詞を直説法現在の正しい形にし、和訳しましょう。さらに〔 〕の主語に変えましょう。
Conjuga correctamente los verbos.

1) ¿(Cerrar) _____ las tiendas a las ocho?　　　[la tienda]

2) Mi padre (volver) _____ a casa muy tarde.　　　[nosotros]

3) Yo (preferir) _____ el pescado a la carne.　　　[nosotros]

4) El niño (repetir) _____ la pregunta.　　　[ellos]

5) ¿A qué hora (empezar) _____ el concierto?　　　[las clases]

6) ¿(Poder, tú) _____ cerrar la puerta?　　　[usted]

7) Mi hermana (pensar) _____ viajar por Argentina.　　　[nosotros]

8) ¿Para qué (servir) _____ esta máquina?　　　[estas máquinas]

❷ 枠内の表現を使って許可を求める文を 3 つ、依頼をする文を 3 つ、自由に作りましょう。Sigue los modelos y haz tres frases para pedir permiso y otras tres para pedir un favor.

> abrir/cerrar la ventana　　abrir/cerrar la puerta
>
> encender/apagar la luz　　usar tu diccionario　　poner la tele

例 ¿Puedo *usar tu diccionario*? / ¿Puedes *apagar la luz*, por favor?

❸ 1 か所だけ間違いを探して正しく書き直しましょう。Busca el error y escribe la frase correctamente.

1) Espero te en la cafetería al lado de la estación.

2) ¿Pidimos un poco de pan?

3) Tengo que hago la comida.

4) ¿Puedéis vosotros hacer un plan para este verano?

5) A: ¿Quieres comprar este libro?　　B: Sí, quiero lo comprar.

❹ 次の日本語をスペイン語にしましょう。Traduce las siguientes frases al español.

1) 「何時にその映画は始まりますか？」「3 時 15 分に始まります。」

_____

2) 「君たちは普通、何時間眠っているの？」「8 時間眠ります。」

_____

3) 「あなたは私たちを手伝ってくれますか？」「はい、喜んで。」

_____

4) 「そのシャツはいくらですか？」「25 ユーロです。」

_____

❺ 自由に次の質問に答えましょう。Contesta a las preguntas.

1) ¿A qué hora empiezan las clases?　　　　2) ¿Quieres estudiar español en España?

3) ¿Qué tienes que hacer el sábado?　　　　4) ¿A qué hora abren los bancos en Japón?

5) ¿Qué piensas hacer en verano?　　　　6) ¿Quieres un café?

❶ 枠内から適切な動詞を選び、直説法現在の正しい形にして文を完成させ、和訳しましょう。 Completa.

conocer	saber	dar	oír	venir	traer

1) ¿Me (   ) tu dirección?

2) ¿ (   ) vosotros el diccionario a clase?

3) Yo (   ) a tu amigo Federico.

4) ¿ (   ) vosotros dónde está el banco central?

5) ¿ (   ) tú música en el tren?

6) Yo (   ) en bicicleta a la universidad.

❷ 次の文を読んで、日本のどの季節のことか、枠内から選びましょう。 Lee las frases y adivina la estación del año.

primavera	verano	otoño	invierno

1) Hace mucho calor y hay mucha humedad.   ....

2) Florecen los cerezos y el campo está verde.   ....

3) Hace mucho frío y nieva mucho.   ....

4) Las hojas cambian de color y empieza el frío.   ....

❸ 1か所だけ間違いを探して正しく書き直しましょう。 Busca el error y escribe la frase correctamente.

1) ¿La prestas tu maleta a tu amigo?

2) A: ¿Le dices la verdad a tu madre?   B: Sí, le la digo.

3) ¿Puedes me enseñar esa foto?

4) No sé a tu hermana menor.

5) Hoy hace muy calor.

❹ 次の日本語をスペイン語にしましょう。 Traduce las siguientes frases al español.

1)「君は私たちにスペイン語を教えてくれる？」「はい、もちろん。」

....

2)「私に消しゴムを貸してくれる？」「はい、君にそれを貸します。」

....

3)「君はその映画館がどこにあるか知ってる？」「いいえ、（そのことを）知りません。」

....

4)「今日はどんな天気ですか？」「晴れて、とても暑いです。」

....

❺ 自由に次の質問に答えましょう。 Contesta a las preguntas.

1) ¿Me prestas el diccionario?   2) ¿Cómo vienes a la universidad?

3) ¿Conoces España?   4) ¿Sabes conducir?

5) ¿Qué tiempo hace en Tokio en verano?   6) ¿Qué tiempo hace en Hokkaido en invierno?

❶ 例にならって、枠内の表現を使いながら、質問に答えましょう。Sigue el modelo y contesta a las preguntas.

> practicar mucho   sacar el pasaporte   tener la licencia de conducir
> comer menos dulces y hacer más deporte   ~~saber lenguas y tener mucho dinero~~

例 ¿Qué hay que hacer para estudiar en el extranjero?   *Hay que saber lenguas y tener mucho dinero.*

1) ¿Qué hay que hacer para viajar al extranjero?   _____

2) ¿Qué hay que hacer para adelgazar?   _____

3) ¿Qué hay que hacer para poder conducir?   _____

4) ¿Qué hay que hacer para tocar bien la guitarra?   _____

❷ 1 か所だけ間違いを探して正しく書き直しましょう。Busca el error y escribe la frase correctamente.

1) Nosotros nos lavan los dientes después de comer.

2) Me ducho antes de acostarse.

3) María y su novio se escribe frecuentemente.

4) Me lavo mis manos.

5) Muchos niños españoles se juegan al fútbol.

❸ 次の日本語をスペイン語にしましょう。Traduce las siguientes frases al español.

1)「君の名前は何ですか？」「私の名前は Kaoru です。」

_____

2)「君たちは普通、何時に起きるの？」「7 時半に起きます。」

_____

3)「日本からスペインまで飛行機でどのくらいの時間がかかるの？」「14 時間かかります。」

_____

4)「スペイン語で “もう 1 回” は何て言うの？」「otra vez と言います。」

_____

❹ 自由に次の質問に答えましょう。Contesta a las preguntas.

1) ¿A qué hora te levantas?   2) ¿Desayunas?

3) ¿Qué haces antes de salir de casa?   4) ¿A qué hora vuelves a casa?

5) ¿Qué haces después de bañarte?   6) ¿A qué hora te acuestas normalmente?

❶ 枠内の形容詞を使って、質問に答えましょう。Sigue el modelo y contesta a las preguntas.

| divertido/a caro/a barato/a aburrido/a interesante fácil difícil |

例 ¿Qué te parece este cuadro?　　　　　_Me parece interesante._

1) ¿Qué te parece el fútbol?

2) ¿Qué te parece el español?

3) ¿Qué te parecen las películas americanas?

4) ¿Qué te parecen los deportes?

5) ¿Qué te parece este libro de texto?

❷ 例にならって、あなたの好みを書きましょう。Sigue el modelo.

例 (una cosa que te encanta)　　　　　_Me encanta la sonrisa de los niños pequeños._

1) (una cosa que te encanta)

2) (una cosa que te gusta)

3) (una cosa que no te gusta mucho)

4) (una cosa que no te gusta nada)

❸ 1か所だけ間違いを探して正しく書き直しましょう。Busca el error y escribe la frase correctamente.

1) A Ana y a mí nos gustan la comida italiana.

2) Me gustan cocinar y comer.

3) Una amiga mío vive en París.

4) ¿Qué te pareces este programa?

5) ¿Queréis venir con mí?

❹ 次の日本語をスペイン語にしましょう。Traduce las siguientes frases al español.

1)「君はスポーツが好きですか？」「はい、サッカーが好きです。」

2)「君は料理をすることに興味がありますか？」「いいえ、全く興味がありません。」

3)「君はこの映画をどう思いますか？」「とても面白いと思います。」

4)「この車は誰のですか？」「私のではありません。私の父のです。」

❺ 自由に次の質問に答えましょう。Contesta a las preguntas.

1) ¿Te gusta la fruta?　　　2) ¿Te gustan los animales?

3) ¿Te gusta ir de compras?　　　4) A mí no me gusta estudiar inglés, ¿y a ti?

5) ¿Qué te parece Kioto?　　　6) ¿Te interesa la literatura de aventuras?

❶ 例にならって、どちらの方が好きか、ペアで質問しあいましょう。 Sigue el modelo y practica con tu compañero.

例 la carne / el pescado　　**A:** ¿Qué te gusta más, *la carne o el pescado*?　　**B:** Me gusta más *la carne*.

1) la música pop / la música clásica　　　　　2) el cine de aventuras / el cine romántico

3) el melón / la sandía　　　　　　　　　　　4) estar en casa / salir con los amigos

5) estudiar por la noche / estudiar por la mañana　　6) la gente seria / la gente divertida

❷ ペアで質問しあいましょう。 Pregunta a tu compañero.

1) ¿Quién es el mayor de tu familia? ---

2) ¿Quién es el más alegre de tu familia? ---

3) ¿Quién es el más trabajador de tu familia? ---

4) ¿Quién es el mejor cantante de tu familia? ---

5) ¿Quién es el más deportista de tu familia? ---

❸ 1 か所だけ間違いを探して正しく書き直しましょう。 Busca el error y escribe la frase correctamente.

1) ¿Qué deporte es mayor emocionante, el béisbol o el fútbol?

2) El abrigo negro es tanto caro como el blanco.

3) ¿Hay algo pregunta?

4) Nadie no quiere trabajar este fin de semana.

5) ¡Cuántos lee Juan!

❹ 次の日本語をスペイン語にしましょう。 Traduce las siguientes frases al español.

1)「このズボン（pantalones）はそれより値段が高いですか？」「いいえ、それより安い（barato）です。」
　--

2)「君の家族の中で誰が一番背が高いですか？」「兄です。」
　--

3)「この近くにどこか和食のレストラン（restaurante japonés）を知っていますか？」「いいえ、一軒も
　知りません。」
　--

4)「今、君の家に誰かいますか？」「いいえ、誰もいません。」
　--

❺ 自由に次の質問に答えましょう。 Contesta a las preguntas.

1) ¿Quién es el más simpático de la familia?　　　2) ¿Quién es el más serio de la familia?

3) ¿Cuál es la ciudad más bonita de Japón para ti?　4) ¿Conoces alguna palabra italiana?

5) ¿Conoces algunos países extranjeros?　　　　6) ¿Tienes algún amigo extranjero?

❶ 数詞を書きましょう。Escribe las cifras en español.

1) 513 días　　　　　　　　　　2) 149 euros

3) 1960 personas　　　　　　　 4) 7824 yenes

5) 3701 dólares　　　　　　　　 6) 6281 casas

❷ 質問に答えながら、あなた自身のことを書きましょう。 Responde a estas preguntas y escribe una pequeña biografía de tu vida.

1) ¿Cuándo y dónde naciste?

2) ¿Cuándo y dónde conociste a tu mejor amigo/amiga?

3) ¿En qué año entraste en la universidad?

4) ¿Cuándo y dónde trabajaste por primera vez?

5) ¿Cuándo viajaste por Japón por última vez? ¿Y a dónde fuiste?

❸ 1か所だけ間違いを探して正しく書き直しましょう。Busca el error y escribe la frase correctamente.

1) Andrés no nos dije nada.

2) Ellos llegaron a Madrid hacen tres días.

3) Empezé a estudiar chino el mes pasado.

4) Mis amigos estuvo en Kioto el verano pasado.

5) Ayer hice más frío que hoy.

❹ 次の日本語をスペイン語にしましょう。Traduce las siguientes frases al español.

1)「君たちはいつ知り合ったの？」「先月知り合いました。」

2)「昨日君たちは何をしたの？」「サッカーをしました。」

3)「先週の土曜日に君はどこに行ったの？」「映画に行きました。」

4)「昨日、君の家に誰か来たの？」「はい、いとこたちが来ました。」

❺ 先週の日曜日について、自由に次の質問に答えましょう。Contesta a las preguntas.

1) ¿A qué hora te levantaste el domingo pasado?　　2) ¿Saliste de casa?

3) ¿Dónde comiste y con quién?　　4) ¿Dónde cenaste y con quién?

5) ¿Qué hiciste después de bañarte?　　6) ¿A qué hora te acostaste?

❶ 例にならって、（　）の表現を使って、以前と今のことを書きましょう。Sigue el modelo y compara lo que hacías antes con lo que haces ahora.

> 例 (estudiar en casa)　　Antes *estudiaba en casa* pero ahora no *estudio*.
> Antes no *estudiaba en casa* y ahora tampoco.
> Antes *estudiaba en casa* y ahora también.

1) (ir a la montaña) ....

2) (cocinar) ....

3) (trabajar por horas) ....

4) (cantar en el Karaoke) ....

5) (montar en bicicleta) ....

❷ 1か所だけ間違いを探して正しく書き直しましょう。Busca el error y escribe la frase correctamente.

1) Todos los días jugué mucho con mis amigos.

2) Cuando yo fui joven, estudiaba en la biblioteca.

3) Habían unos bares enfrente de la estación.

4) Antonio me dijo que sabe esa noticia.

5) ¿Qué hora fue cuando volviste a casa?

❸ 次の日本語をスペイン語にしましょう。Traduce las siguientes frases al español.

1) 私は小さい頃、その番組（el programa）を毎週見ていました。

....

2) Pablo は和食が好きだと私に言いました。

....

3) 私が昨日家を出たとき、雨がたくさん降っていました。

....

4) 私は、今は運動をしていますが、以前は（それを）していませんでした。

....

❹ 子供のころについて、自由に次の質問に答えましょう。Contesta a las preguntas sobre tu infancia.

1) Cuando eras pequeño/a, ¿qué te gustaba hacer?　　2) ¿Cómo llevabas el pelo, largo o corto?

3) ¿Cuál era tu comida favorita?　　4) ¿Hacías los deberes en casa?

5) ¿Cómo ibas a la escuela?　　6) ¿Estudiabas en una academia?

❶ あなたが今日起きてから今までにしたことを書きましょう。Escribe lo que has hecho hoy desde que te has levantado hasta este momento.

- -

- -

❷ 例にならって、todavía を使って、質問に否定文で答えましょう。Sigue el modelo.

例 Hoy, ¿has recibido ya algún mensaje?   No, todavía *no he recibido ningún mensaje.*

1) Este año, ¿has hecho ya algún amigo nuevo? -

2) Este mes, ¿has visto alguna película ya? -

3) Este mes, ¿has hecho alguna cosa buena ya? -

4) Esta semana, ¿has tenido algún examen ya? -

❸ 1 か所だけ間違いを探して正しく書き直しましょう。Busca el error y escribe la frase correctamente.

1) Compré unos guantes hecho a mano.

2) La clase no ha terminada todavía.

3) Este mes trabajamos mucho.

4) Este puente fui construido en el siglo XII.

5) La cena ya está preparado.

❹ 次の日本語をスペイン語にしましょう。Traduce las siguientes frases al español.

1)「君はもう宿題をしたの？」「うん、もう（それを）したよ。」

- -

2)「君たちは沖縄に行ったことがあるの？」「うん、一度行ったことがあるよ。」

- -

3)「今週はとても暑かったね。」「うん、でも先週はそんなに暑くなかった。」

- -

4)「あのレストランは開いてる？」「いや、毎週日曜日は閉まってるよ。」

- -

❺ 自由に次の質問に答えましょう。Contesta a las preguntas.

1) ¿Has viajado al extranjero alguna vez?   2) ¿Has probado la paella alguna vez?

3) ¿Has montado en barco alguna vez?   4) ¿Has trabajado de camarero alguna vez?

5) Este mes, ¿has ido al cine?   6) Este año, ¿has hecho algo nuevo?

❶ 枠内の表現を使って、答えを完成させましょう。 Mira el recuadro y sigue el modelo.

venderse tabaco y sellos	venderse objetos de escritorio	venderse embutidos y fiambres
servir para protegerse del sol	servir para beber sin tocar los labios	servir para abrir botellas de vino

例 ¿Qué es un parasol?　　　　— Es un objeto *que sirve para protegerse del sol.*

　　¿Qué es una papelería?　　— Es un establecimiento *en el que se venden objetos de escritorio.*

1) ¿Qué es un sacacorchos?　　— Es un instrumento _____

2) ¿Qué es un estanco?　　　　— Es un establecimiento _____

3) ¿Qué es una charcutería?　　— Es un establecimiento _____

4) ¿Qué es un porrón?　　　　— Es un objeto _____

❷ 次の曜日・時間に、あなたがしていることを書きましょう。 Escribe lo que haces normalmente.

例 lunes / 10:00 de la mañana　　　*Estoy estudiando español.*

1) martes / 3:00 de la mañana　　_____

2) viernes / 9:00 de la noche　　_____

3) sábado / 11:00 de la mañana　　_____

4) domingo / 3:00 de la tarde　　_____

❸ 1 か所だけ間違いを探して正しく書き直しましょう。 Busca el error y escribe la frase correctamente.

1) Este es el restaurante el que cenamos el domingo pasado.

2) La chica la que está hablando con el profesor se llama Isabel.

3) Nosotros somos de primero curso.

4) Mi prima sigue vivido sola en Nueva York.

5) El niño está se bañando.

❹ 次の日本語をスペイン語にしましょう。 Traduce las siguientes frases al español.

1)「Ana と話している男の子は誰？」「僕のいとこの Juan だよ。」

_____

2)「君たちは何階（piso）に住んでるの？」「6 階に住んでいます。」

_____

3)「今君は何をしているの？」「ネットサーフィンをしているんだ。」

_____

4)「君たちはどのくらいスペイン語を勉強しているの？」「10 か月（それを）勉強しているよ。」

_____

❺ 自由に次の質問に答えましょう。 Contesta a las preguntas.

1) ¿Comes viendo la televisión?　　　　　2) ¿Paseas escuchando música?

3) ¿Sigues estudiando inglés?　　　　　　4) ¿Sigues viviendo con tus padres?

5) ¿Vas entendiendo la gramática española?　6) ¿Qué estás haciendo ahora?

❶ 枠内の情報を使って、占い師の予想を書きましょう。Sigue el modelo y practica con tu compañero. ¿Qué les dice la adivina?

例 Diana: (ser) profesora

A: ¿Qué le dice la adivina a *Diana*? B: Le dice que *será profesora*.

A: ¿Qué le dijo la adivina a *Diana*? B: Le dijo que *sería profesora*.

1) Mao: (casarse) y (ser) feliz

2) Lucía: (vivir) en Los Ángeles

3) Pablo: (tener) mucho dinero

4) yo: (hacer) un viaje por todo el mundo

❷ 1か所だけ間違いを探して正しく書き直しましょう。Busca el error y escribe la frase correctamente.

1) ¿Hacerá frío mañana?

2) ¿Cuántos años tendré el hermano de Pedro?

3) En próximo sábado iré de compras con Cristina.

4) Jorge me dijo que vendrá a Japón en marzo.

5) Yo que tú, tomaré un taxi para ir al aeropuerto.

❸ 次の日本語をスペイン語にしましょう。Traduce las siguientes frases al español.

1)「君は明日、何をするつもり？」「Marta を浅草に連れて行く（llevar）つもりです。」

----

2)「Pepe はそのことを知っているだろうか？」「おそらく（tal vez）それを知らないだろう。」

----

3)「あなたと話をしたいのですが……。」「はい、もちろんです。」

----

4)「君が僕の立場だったらどうする？」「僕が君なら、タクシーでは行かないだろう。」

----

❹ 自由に次の質問に答えましょう。Contesta a las preguntas.

1) ¿Dónde vivirás en el futuro?　　　　2) ¿Te gustaría trabajar en el extranjero?

3) ¿Qué harías tú si estás muy estresado?　　4) ¿En el futuro pondrás tu propio negocio?

著者紹介
Eugenio del Prado（エウヘニオ デル プラド）
齋藤 華子（さいとう はなこ）
仲道 慎治（なかみち しんじ）

エル オリソンテ

2020 年 2 月 10 日　第 1 刷発行
2022 年 3 月 10 日　第 3 刷発行

　　　　　　　　　エウヘニオ デル プラド
　　著　者 ©　齋　藤　華　子
　　　　　　　　　仲　道　慎　治
　　発行者　　及　川　直　志
　　印刷所　　株 式 会 社 梨 本 印 刷

発行所　101-0052 東京都千代田区神田小川町 3 の 24
　　　　電話 03-3291-7811（営業部），7821（編集部）　株式会社 白水社
　　　　www.hakusuisha.co.jp
　　　　乱丁・落丁本は、送料小社負担にてお取り替えいたします。

振替 00190-5-33228　　　　Printed in Japan　　　　誠製本株式会社

ISBN978-4-560-09954-4

スペイン語大辞典

山田善郎／吉田秀太郎／中岡省治／東谷穎人 監修

わが国初の本格的大辞典．見出語数 11 万．基本語や重要語は詳述，イスパノアメリカやスペインの地方語も多数収録し，百科事典項目も掲載した，西和の最高峰．
A5変型　2442 頁　定価 27500 円（本体 25000 円）

辞典

現代スペイン語辞典（改訂版）
宮城 昇／山田善郎 監修
オールラウンドな西和辞典．収録語数 46500．
（2色刷）B6変型　1524 頁　定価 4400 円（本体 4000 円）

和西辞典（改訂版）
宮城 昇／山田善郎／他 編
和西辞典のスタンダード．35000 項目，収録した単語と表現 65000．B6変型　1443 頁　定価 5720 円（本体 5200 円）

スペイン語ミニ辞典　西和＋和西（改訂版）
宮本博司 編
いつでもどこでもすぐに使える西和＋和西．
（2色刷）B小型　665 頁　定価 3080 円（本体 2800 円）

入門・初級文法

スペイン語のしくみ《新版》
岡本信照 著
B6変型　146 頁　定価 1540 円（本体 1400 円）

わたしのスペイン語　32のフレーズでこんなに伝わる
下田幸男 著　（2色刷）
A5判　159 頁　定価 1870 円（本体 1700 円）【CD付】

ニューエクスプレスプラス スペイン語
福嶌教隆 著　（2色刷）
A5判　161 頁　定価 2310 円（本体 2100 円）【CD付】

新版 スペイン語の入門
瓜谷良平／瓜谷 望 著　（2色刷）
四六判　335 頁　定価 2530 円（本体 2300 円）【CD付】

スペイン語文法ライブ講義！
加藤伸吾 著／A・M・マルティン 協力
A5判　212 頁　定価 2090 円（本体 1900 円）

問題集

極める！ スペイン語の接続法ドリル
菅原昭江 著
A5判　243 頁　定価 2640 円（本体 2400 円）

極める！ スペイン語の動詞ドリル
菅原昭江 著　【CD付】
A5判　251 頁　定価 2750 円（本体 2500 円）

極める！ スペイン語の基本文法ドリル
菅原昭江 著
A5判　254 頁　定価 2420 円（本体 2200 円）

スペイン語力養成ドリル 2000 題
加藤伸吾 著
A5判　174 頁　定価 1870 円（本体 1700 円）

スペイン語実力問題集（新装版）
坂本 博 著　【CD付】
A5判　146 頁＋別冊解答　定価 1980 円（本体 1800 円）

解きながら増やす スペイン語ボキャブラリー練習帳
佐々木克実 著
四六判　157 頁　定価 1980 円（本体 1800 円）

熟語集

例文で覚える スペイン語熟語集
高橋覚二／伊藤ゆかり 著
四六判　207 頁　定価 2530 円（本体 2300 円）

語源

スペイン語の語源
岡本信照 著
四六判　269 頁　定価 3520 円（本体 3200 円）

表現

ホームステイのスペイン語
立岩礼子 著　【CD付】
四六判　170 頁　定価 2420 円（本体 2200 円）

作文

解説がくわしいスペイン語の作文
山村ひろみ 著　［改訂版］
A5判　159 頁　定価 2420 円（本体 2200 円）

手紙・メール

新版 スペイン語の手紙　Eメールと手紙の書き方
木下 登 著
A5判　236 頁　定価 2420 円（本体 2200 円）

Eメールのスペイン語
四宮瑞枝／他 著
A5判　223 頁　定価 2310 円（本体 2100 円）

中級

中級スペイン文法
山田善郎 監修
A5判　640 頁　定価 6820 円（本体 6200 円）

日本語と比べるスペイン語文法
三好準之助 著
四六判　233 頁　定価 2420 円（本体 2200 円）

スペイン語動詞の決め技
エミリオ・ガジェゴ／山本浩史 著
四六判　203 頁　定価 2090 円（本体 1900 円）

詳説スペイン語文法
福嶌教隆／フアン・ロメロ・ディアス 著
A5判　340 頁　定価 3630 円（本体 3300 円）

重版にあたり，価格が変更になることがありますので，ご了承ください．

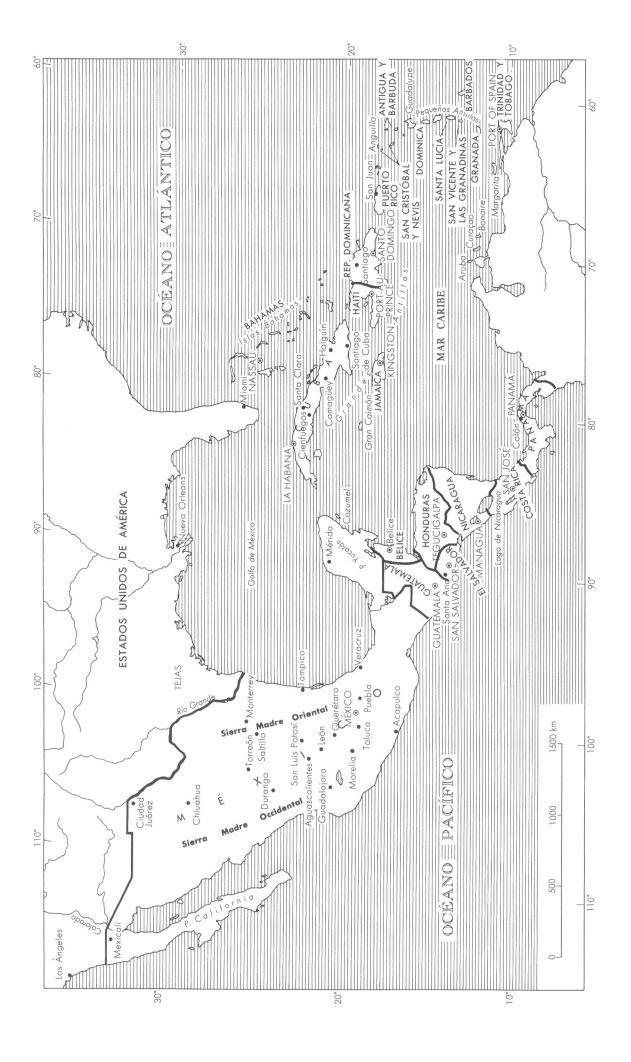